60th Anniversary
BOARDING PASS
TPE
01JUL 14:10
FM
TO
U0446239
登機門 Gate
D5
登機時間 Boarding Time
13:30
艙等 Class
Y
ETKT297367922888602
lapidae
Latic
Linnae
TAIPEI TO
UANGZHOU
19.7.1 MONDAY

瓜几拉的旅行手账

Gua Jila's Travelling Account About

CHINESE TAIWAN

·台湾·

GUAJILA

瓜几拉

·著·

重庆出版集团 重庆出版社

图书在版编目（CIP）数据

瓜几拉的旅行手账．台湾 / 瓜几拉著．— 重庆：重庆出版社，2021.8

ISBN 978-7-229-15382-3

Ⅰ．①瓜… Ⅱ．①瓜… Ⅲ．①旅游指南－台湾 Ⅳ．① K928.9

中国版本图书馆 CIP 数据核字 (2020) 第 216579 号

瓜几拉的旅行手账——台湾
GUAJILA DE LÜXING SHOUZHANG——TAIWAN
瓜几拉　著

责任编辑：夏　添
装帧设计：唐　旭
责任校对：李小君

重庆出版集团
重庆出版社　出版

重庆市南岸区南滨路 162 号 1 幢　邮政编码：400061　http://www.cqph.com
重庆新金雅迪艺术印刷有限公司印制
重庆出版集团图书发行有限公司发行
E-MAIL:fxchu@cqph.com　邮购电话：023-61520646
全国新华书店经销

开本：787mm×1092mm　1/32　印张：6.125
2021 年 9 月第 1 版　2021 年 9 月第 1 次印刷
印数：1-10 000
ISBN 978-7-229-15382-3
定价：98.00 元

如有印装质量问题，请向本集团图书发行有限公司调换：023-68706683

前　言

“阿里山、日月潭、高山族、槟榔……”

這些都是儿時对寶島台湾的印象。若不是大鱼在一次聊天中談到她在台東旅行的神奇经历和壮阔的画面，我去寶島台湾旅行大概会是以上印象的古早味路线。

而大鱼又是一个行动派，一旦説了打算，就立刻着手推进這个計划。So……我就在半理解半迷糊的状态下开启了旅行，

台湾岛之旅!!

耶!
台湾蓝鹊
Urocissa caerulea
Taiwan Blue Magpie
台湾特有鸟类.

組團篇

2018年12月・成都
刺福球……
飛魚……
大鯨向我們描繪了夏天在台東的經歷……
哇……
土著……
想去!!
明年六月去吧!!
2019年5月・廣州
台東超棒!!
哇!
哇!
大海冰箱…
要去!!
借錢都要去!!
餓死我們嗎!!
於是……組團成立!!
GIVE ME 5
EXPLORE THE HIDDEN ISLAND
-2019-

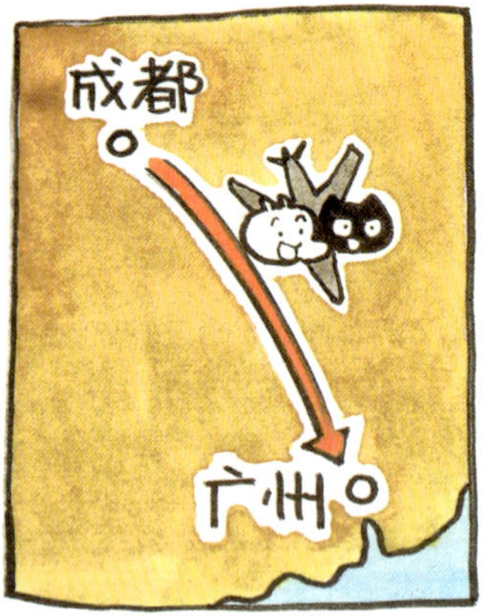

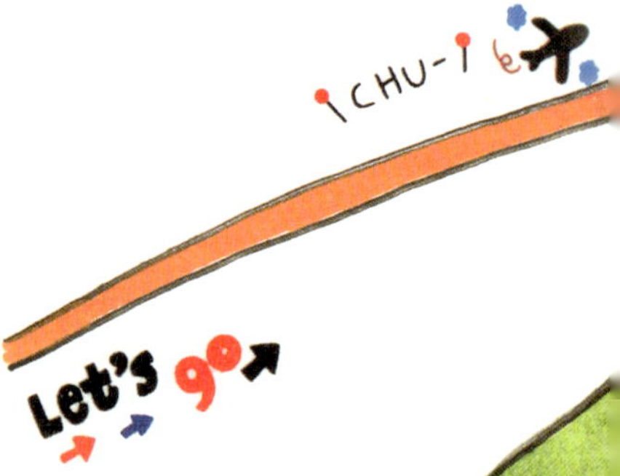

虽説是台湾之旅，
确切来説應是“台湾東部”
之旅。比起匆匆忙忙每个
城市打卡，更喜欢在一个
地方長時間呆着。

這次的旅行交通工具
將會“海陆空”兼具。

台湾島之旅

Give me 5!

桃园机场
台北
台北 0616－0617
0628－0630
花蓮
花蓮 0618－0620
台東 0624－0627
綠島
綠島 0621－0623
Dolphin Dance
N
W
E
S

#絕交之旅？#1

和梨露子做朋友多年.
…
這些都是我~
梨露子
瓜几拉
一起吃過飯,
一起畫過漫畫
你所不知道的苦B漫画家!
梨露子&瓜几拉
連載四回就打入冷宮
卻從沒有一起旅行過……
這一次終於實現了!!
這次形象
但是……
巨大压力

出行分工 竟然叫我 做飯!!
我可是 畫畫的!!!
火本
漫畫·設計·人體愛好者
我覺得有什麼 問題就說出 來!!!
不要一聲 不響地 進行!!
良田
編輯·策劃·設計
大不了不去 台灣了!!
退票!!
我沒耐心 溝通來溝通 去!!!
大鯨
攝影·策劃·經紀人
這趟旅行 將會友盡嗎?
強勢三人組
吃瓜兩作者
2019·6·14 GUAJILA

我朋友给
我们的旅
行赞助了
衣服和书包
太厉害了!!
还有赞助!
ENLIST YOURS
ASICS
lifecycle
Subcrew
TeenTeam

6月16日·2019

AM 4:30

成都 → 廣州

CHENGDU → GUANGZHOU

選擇在出發前，把家裡漏水的牆補好（自己動手）整理打掃到23點，再收拾行李，已經到去機場的時間

中年人，通宵熬不起啊……

（猶如僵尸緩慢移動）

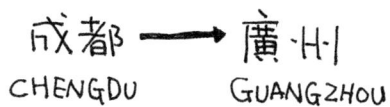

jia!
絲光椋鳥
Red-billed Starling
樹葳盛的
地方，鳥也多
還以爲自己看到了新鳥种
原來是雌鳥或幼鳥

2016.6.16
廣州越秀北
Guang Zhou Yue Xiu North
根本拍不全：
哇！

DA

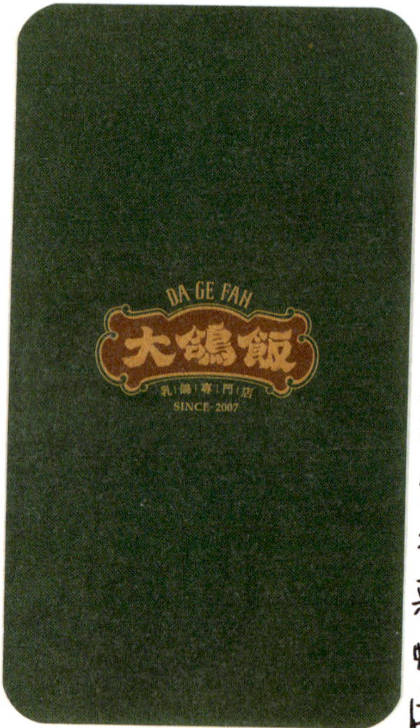

鴿子大餐
妙吉mewji給我們
做了那麼多漂亮的周边
還包了這頓大餐
(死命拍彩虹屁)

20190616 GUANGZHOU

河源豆腐

GE FAN
原汁椰子
紅燒乳鴿
串串烤鴿胷

出發航站楼在T2，結果梨露子和良田竟跑到T1……，好在只需十分钟就能過來

這是我第一次去台灣也是第一次乘坐台灣中華航空，总有一種中華小飛機的感覺。(中華小當家后遺症)

廣州飛台北的時間非常短，一個半小時……

#絕交之旅？#2

機場捷運…
對了，可以拍些素材照！
吓!!
我只是拍素材……
別催我!!
救命
我已經在畫了!!

因為太想看梨露子的漫畫，所以我一路都在問……
畫了嗎？
為什麼要和一個催畫的傢伙來旅行……
讚
讚
Zàn!

臺北初印象
2019.6.17

由於是傍晚的航班，倒騰到旅館已是近23點。雖然路上都亮着霓虹燈，但没看到什麼餐飲店。
這附近都沒有什麼可吃的。
好餓……
到臺湾的第一餐，難道要在711解決嗎？
花華飯店

吉野家
YOSHINOYA
沿路溜達一圈，有家吉野家耶。
先不管第一頓，要食當地美食，
填飽肚子再說!!
お弁当
牛丼飯
激動
比我們那边的好吃！
飯后突發事件!!
梨子說良田得去医院……
啊?!
我搜下附近的医院
你好！請問你們还在营业嗎?
…? 請問你說什麼?
誒?
是我发音对方听不懂?
还是用词没听懂?
还是……
嗯……还开着門吗?
噢！是的。24小時
24小時……
虽然都說中文……

2019 MONDAY
6/17

台灣大學醫學院附設醫院

多次旅行還从未去過醫院，結果這次托良田的「福」，大家都去臺大醫院感受了一次「深夜急診」。

整個急診室裡都很安靜，醫護人員非常有耐心對待每一個病人

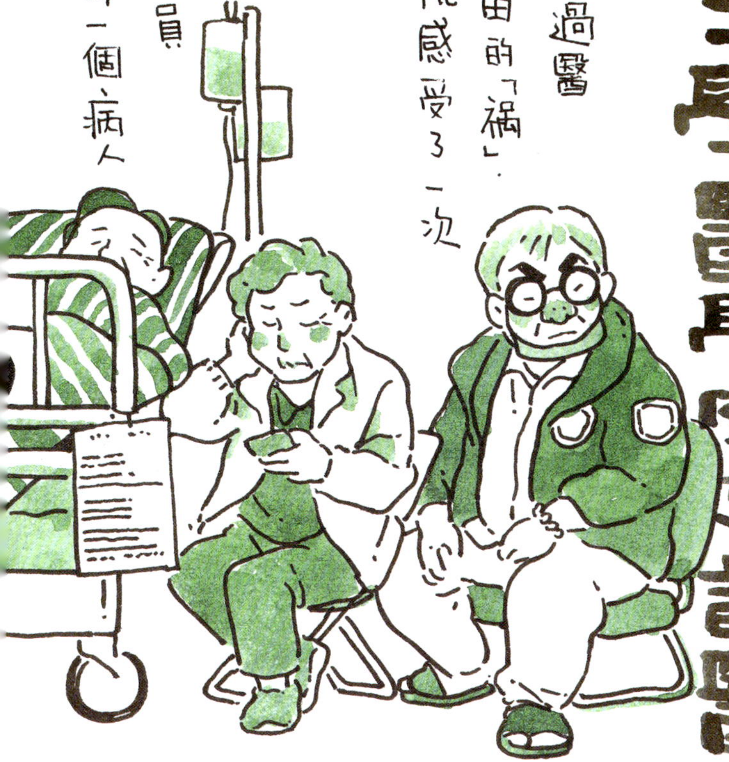

臺北車

20190618 TAIPEI MAIN

ATION

臺北車站的候車大厅非常高大寬敞，主要是没有擺設椅子，地面又很干净，人們都是席地而坐。

既然如此，我們也入鄉隨俗吧！盘腿坐起！

臺灣鐵路局
2019.06.18 222次
全票 桌型 自強(普悠瑪)
T.C.LTD EXP(PUYUMA)
臺北 11:42開
TAIPEI DEPARTURE
▼ 5車44號
CAR.5 SEAT.44
花蓮 13:57到
HUALIEN ARRIVAL
NT$440
限當日當次車有效
刷{9016}
N90075791826394
1000-1069-0618 11:29
臺北
6·18

→花蓮

臺灣高鐵，感覺非常安靜，不是行車平穩的那種安靜，而是車廂裡的安靜。大家都是輕聲輕語在交談，似乎電話都調了靜音或飛行模式……

帶小朋友的家長一路都在對孩子說「噓」，

只是行李輕輕碰到手臂，就會馬上道歉實在是太有礼貌了！

臺灣鐵路便當
TAIWAN RAILWAYS
普悠瑪列車上賣
便當的小車，是可折疊
的「X」字形的小推車，
只賣便當、飲料零
食、什麼的都没有
2019/06/18

抵達花蓮車站後，離住宿點還有一定距離，又拖着行李箱，那就坐車咯！

花蓮的出租車也是显眼的黃色，看样子台湾的出租車都是統一的顏色。

又發現每辆出租車的車身上都有人名，猜測是司机的名字。

抄写了几個名字看来多是以三个字为主。

徐立信
古月英
張德仁

看見路邊有一男生举一牌子，原來是想搭便車環島。司机吐槽了一句：像這样的年轻人很多。

若不是因爲我們的駕照在這邊不能租車，我們也想環島啊……若時間能給再多些，騎行環島也不錯（太考驗体力了）

羅百貳.
橙色标注的是我們本地人都愛吃的店，
紫色是一些咖啡啊甜點之類的店，
上面标注的数字是營業時間，括號里的中文数字是店鋪的公休日。
山豬的朋友
小羅
他稱自己爲「四維先生」。
地圖都是自制的。
柚子家
民宿/手作/木工
0982-326090
花蓮市北濱街43號
花蓮·柚子家
2019.6.18.

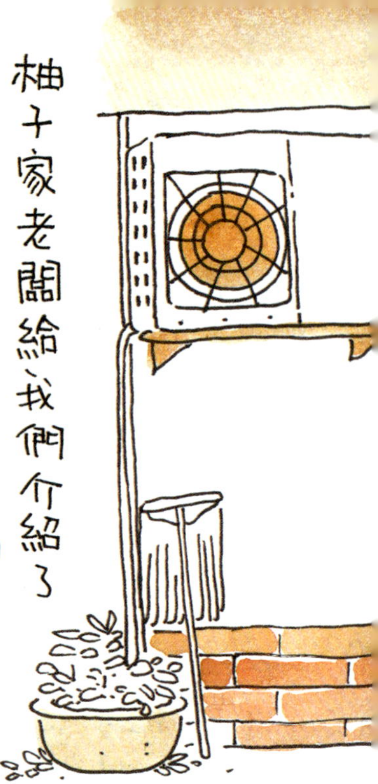

柚子家老闆給我們介紹了一家超級隱蔽的本地餐館，連店牌都沒有，看起來以為是普通人家的家門。而且還需要提前預定，我們非常突然闖進來，就真誠請求老闆有什麼就吃什麼。真的超級好吃，五盤菜全部吃光光!!

吃飽飯後晃到一家水果店，是我們表現得太討喜了？老闆送了五杯水果飲料給我們。

阿鴻水果

小秋廚房
形·咖啡坊
20190618
HUALIAN·TW
老闆看我們這麼喜歡她燒的菜，送給我們一份超好吃的鳳梨，還跟我們說了好幾個笑話
甲乙丙丁
那個字

台灣

GIVE ME

EXPLORE THE HIDDE

-2019-

飲足飯飽・夜遊花蓮
2019/6/18 HUALIEN

四維先生带我們去吃他很喜歡的一家「魯肉飯」。

但是用的字是「魯」……

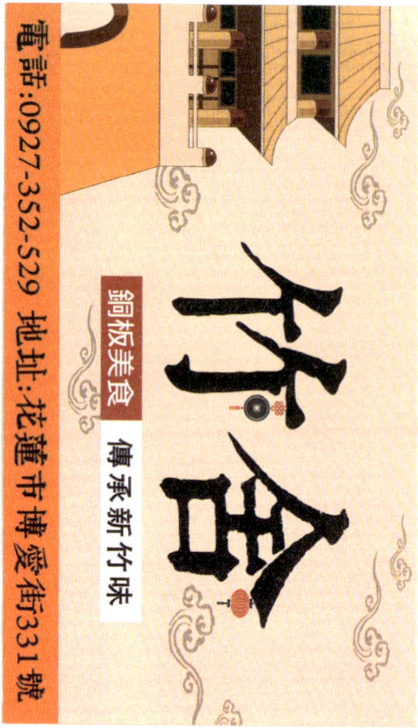
竹舍
銅板美食
傳承新竹味
電話:0927-352-529 地址:花蓮市博愛街331號

我們用的都是這個「魯」，很少用「滷」……

也有一種說法「魯」字是用于小碎肉，而「滷」用于大肉塊。

20190619
HUALIEN

生肠

其實是豬的子宮……

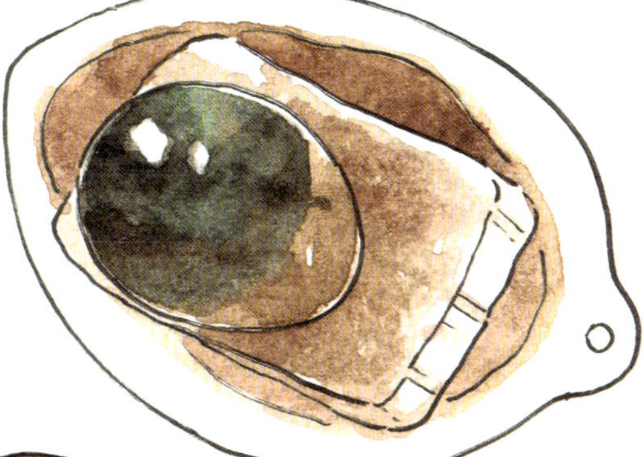

皮蛋豆腐

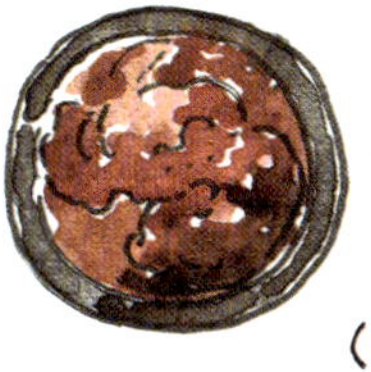

辣椒醬

（待在成都的人們表示一點都不辣）

飯後四維先生又带我們去一家二手書店「時光」。

臺灣的自然科普書真多啊……多到好多都想買。

絕版書台幣300
原价520

書店寫的一句告示特別
引人注意……
營業時間 13:00-22:00
提供無線上網服務
禁食蔥油餅
爲什麼只禁食蔥油餅……
那其他的食物就能在書店吃？
活了……
有充電的!!
此時の良田……

哲學

時光舊書店
二〇一九年六月十九

翁公叔

昨晚在「小秋廚房」吃飯，偶遇一位陶藝家，便邀請我們去他的家，即工作室參觀。

我這名字比較特殊，是我爸爸為了紀念他的弟弟——很早過世了……便把我過繼給他做兒子，所以取了這名字。

院子裡堆满了木材，全是翁先生家对面的山上砍的。
就地取柴
（不知道當地是怎麼保护林木的，似乎没有過度砍伐……）

即便是燒陶的土也是就地取材，如花蓮的木瓜溪、秀姑巒溪、立霧溪的泥土……

不要為了燒柴去砍伐樹木。我用的以龍眼樹和相思樹為主，不會黑煙污染環境。

柴燒時需要翁先生和他徒弟兩人輪流不分晝夜守着。而這樣一窯的作品（約200件）失敗率还是很高的。所以燒坏的作品比成功的還多……

洄瀾窯

他給自己的工作室
取名為「洄瀾窯」，
是因為用的原材料
都是花蓮本土的，
而花蓮古稱「洄瀾」
故名「洄瀾窯」。
（中國古時很多著名的
窯都是以生產地為名
的，如「汝窯」是出自汝州）

柴燒天目

HUA LIEN

2019.6.19

翁念叔先生家
竟然還養着
兩只獅頭鵝

如同兩只大佬
收保護費的

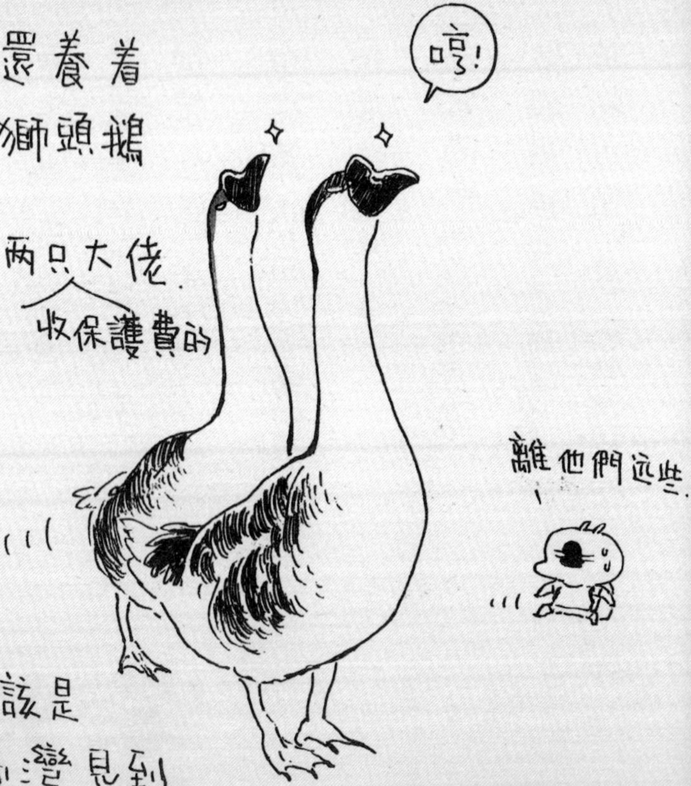

這應該是
我在臺灣見到
最大的禽類……

2019
6/19

家八哥
雀形目椋鳥科
八哥屬
英文直譯「普通八哥」
Acridotheres tristis
common myna

花蓮七星潭海釣的老人們

2019年6月19日

深夜海釣者
這位独臂大伯曾一夜釣上五千条魚，最重的有八斤多。
花蓮
HUA
LIEN
2019
6/19

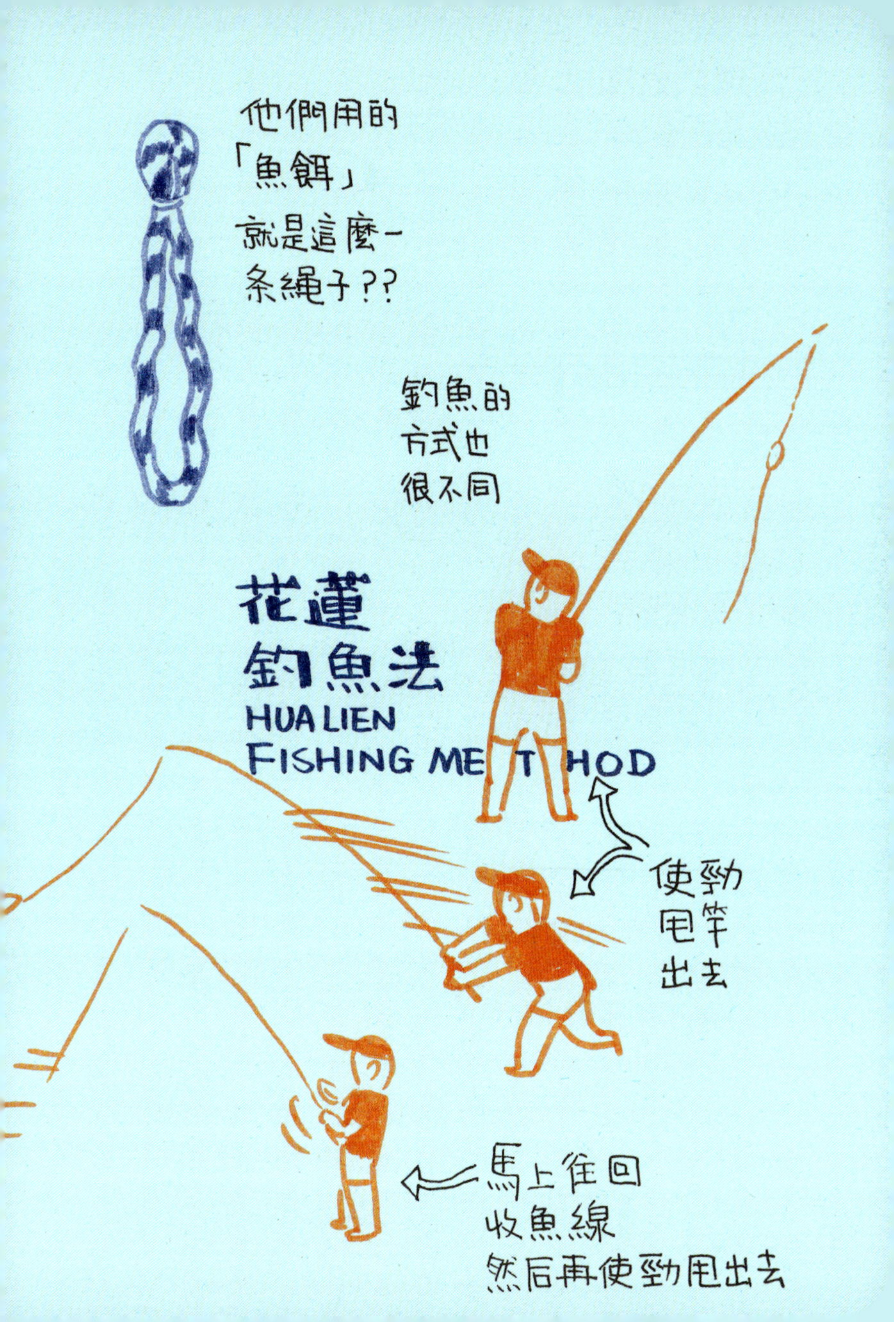

他們用的「魚餌」就是這麼一条繩子??
釣魚的方式也很不同
花蓮釣魚法
HUA LIEN
FISHING METHOD
使勁甩竿出去
馬上往回收魚線
然后再使勁甩出去

這種釣魚法非常
耗費體力，
所以大伯們甩一
會魚竿，就要休息
一陣。

爲什麼要用
這種釣魚法呢？

因爲急速
往回收的魚線
如同海魚們
愛吃的小魚動作，
它就追着魚餌被釣上岸……

一旦被釣上……

直接丟在岸上石堆
活活脫水而死……
爲什麼動物還沒演化
出看透人類騙術的認識？

四維先生要趕在日落前，帶我們爬到高處來看七星潭全貌，在無人的野草坡迎面遇見一奶牛色狗子，它看到我們過來，立刻扭頭走在我們前方，似乎是在給我們帶路。

6月19日

米噹
泰式燒烤
烤魚
總 店 花蓮市重慶路221-2號
TEL：03-8357-031
海洋館 花蓮市海岸路4號
TEL：03-8242777
台中店 台中市北區精武路268-1號
TEL：04-2213-2015
練習の鬼た

四維先生最後帶我們去吃一家開了有七八年的燒烤店，老闆在泰國學過廚藝，所以回台後，結合當地的食物，開了這麼一家燒烤店。
一開始只有一小攤位，一個人，逐漸到現在有兩家分店。

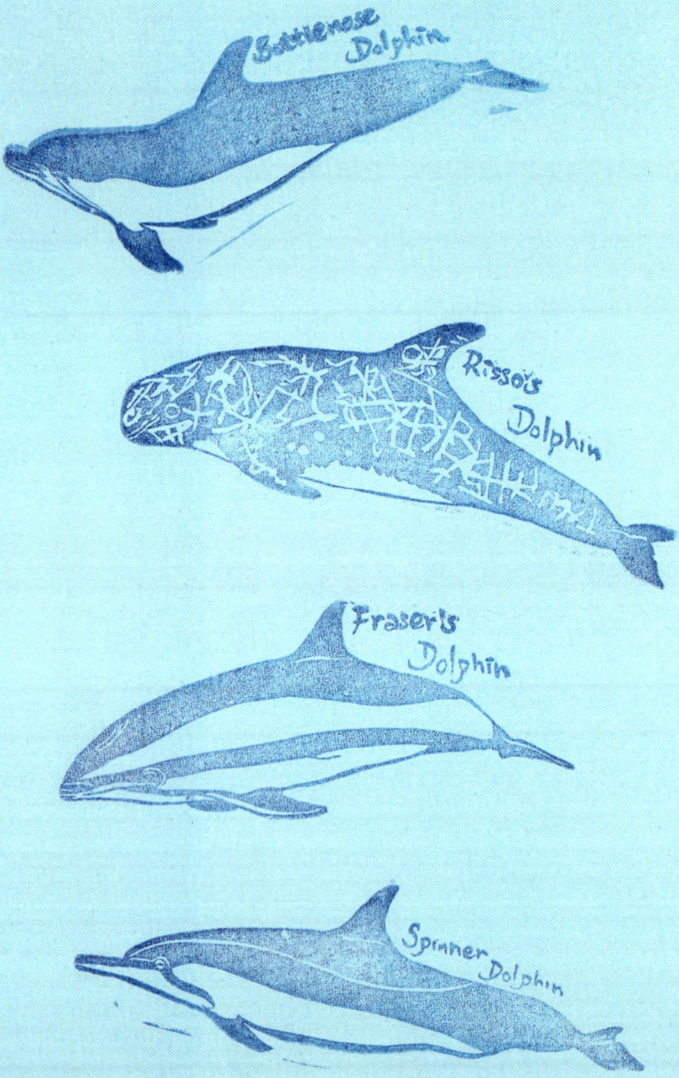
Bottlenose Dolphin
Risso's Dolphin
Fraser's Dolphin
Spinner Dolphin

Killer Whale
Sperm Whale
Spotted Dolphin

多羅滿賞鯨 2019

×

海洋生態之旅 6/20

TURUMOAN

所住的民宿「柚子家」門口貼着一張海報.

瓶鼻海豚
偽虎鯨
短肢領航鯨
大翅鯨
抹香鯨
虎鯨

羅先生、外面那張海報是可以觀鯨？
對啊！這個季節是觀鯨的最佳時期！你們想看？
想看！
那幫你們報名嘍！
於是我們四人報了今早10:30的船.
先進去听下介紹
出發前，我先請大家了解下要去的海域。
謝謝！

我們要去的是台灣東部的海域。
W
E
深度有四千至五千公尺哦！
這會吸引很多不同深度的海洋動物。
而西部海域远没這麼多樣性，深度才60～70公尺.
W
有什麼問題嗎？
鯨會吃人嗎？
野生鯨豚目前没有遇到伤人事件。
但是，圈养的鯨有伤人記录。

傷人鯨事件
你回去看《黑鯨》紀錄片……
哦！
大家還有問題嗎？
……
……
……
……
好的！
現在教大家正確使用救生衣！
❶ 扣好胸前的安全扣
❷ 把背后的安全扣从胯下繞過，分别扣住左右腿。

花蓮港 HUALIEN
路線行程比較短
沿着島嶼邊緣海域。
JURUMOAN

和阿拉斯加那次風雨中出海观鯨相比，
這次出海太安逸了。
風平浪静……
就是穿着救生衣有点热……
你們覺得咋樣？
想吐……
惡心……
哇！
是海豚！
惊叫連連……

哇…
哈哈!

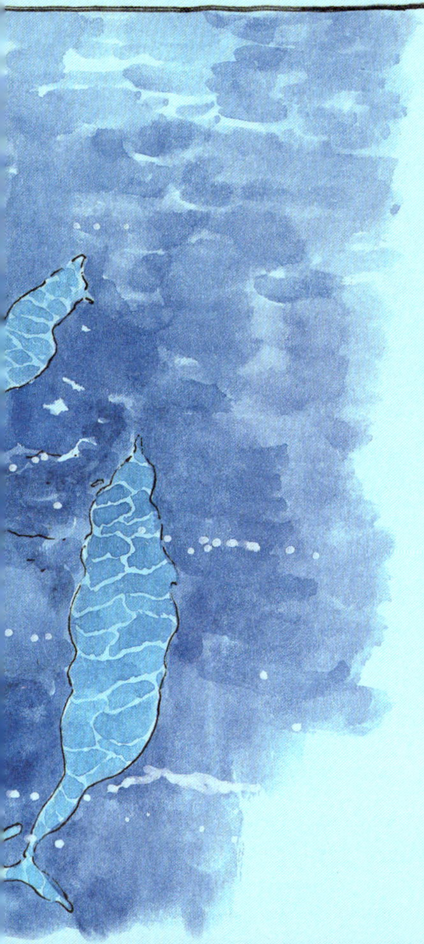

長吻飛旋海豚

Stenella longirostris

解說員說他們也愛稱它們為「三明治」。因為是三层色相間。而且它們是所有鯨豚中最喜歡空中翻騰的種類。

因爲海豚屬於鯨目，所以說"觀鯨"，就算只看到了海豚，也是看到"鯨"啦！

在台灣東部的海域看到大型鯨的机率是10%左右，海豚是包你看個够！

6月已是飛魚季的尾声，海面上還是能零星見到騰空而起的飛魚

是飛魚！
是飛魚!!
快看!!!
是……
累到睡着……

一群人東倒西歪地回到柚子家，貼心的
四維先生已為我們都買了盒飯。

吃完後，四維先生教我們怎樣正确扔垃圾。

① 用水冲干净殘渣／拿紙巾擦净.

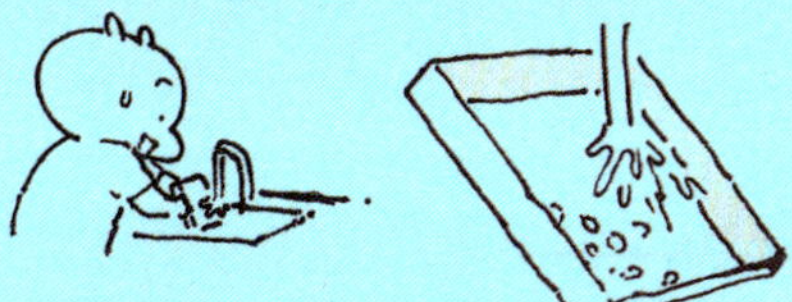

② 再堆疊起來扔進容器桶（专門裝紙容器的）

③ 筷子也是洗干净，放入另一
個垃圾桶。

④ 塑膠盒蓋則要放入专門
放塑膠類的垃圾桶.

再見.花蓮

2019.6.20

36901422GA 存根聯

1906206Y096037
923134104166

臺灣鐵路管理局

2019. 06. 20
350 次 自強 T.C. Ltd. Exp.

花蓮 17:54開
HuaLien
Car.1車 Seat.44號

ibon 售票系統

別訂

票號：N90078502238937
限當日當次車有效

票價 NT$ 333

銷售時間：2019-06-20 16:37
店名：統軒 店號：923134

小雨佩
山豬
好久不見!!
大鯨!
山豬!
見到了傳說中不穿鞋的山豬!
<山豬大腳板>
TAITUNG STATION
台東站紀念章
/6/30前ibon購取票
錄資料，抽Gogoro電動機車
站：https://reurl.cc/LQ5ee
臺東 20：40到
Taitung
全票 | 一般
位代碼：7583106

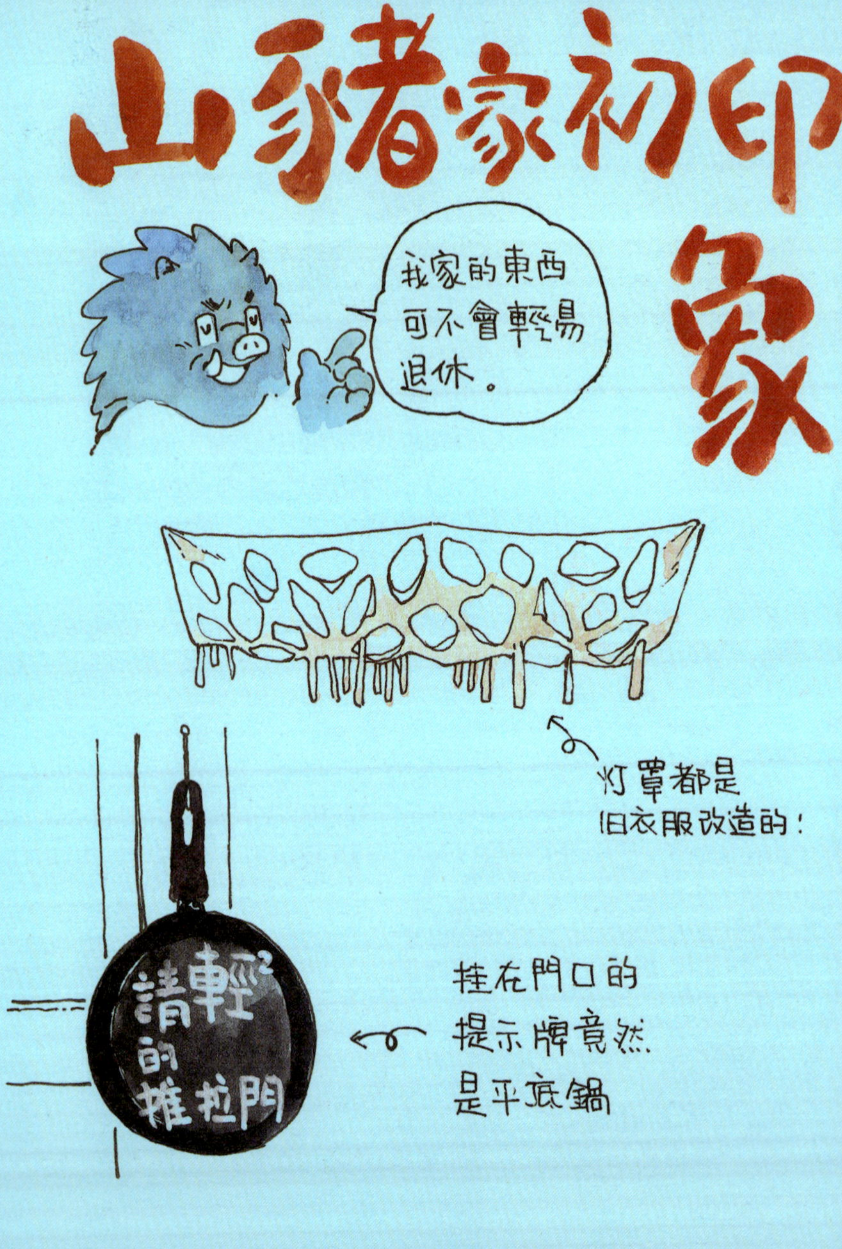
山豬家初印象
我家的東西
可不會輕易
退休。
灯罩都是
旧衣服改造的！
請輕²
的
推拉門
挂在門口的
提示牌竟然
是平底鍋

退休到成爲
復古擺設

客廳爽涼全靠
小風扇.
（若不是爲了來這住宿的客人考慮，山豬都不會
裝空調的。）

最令人開心的是這裡到處是書!!

不仅客廳、房間擺满書.
連廚房和廁所都有書……

山豬家·有人在家·院子
2019.6.21

酒菸

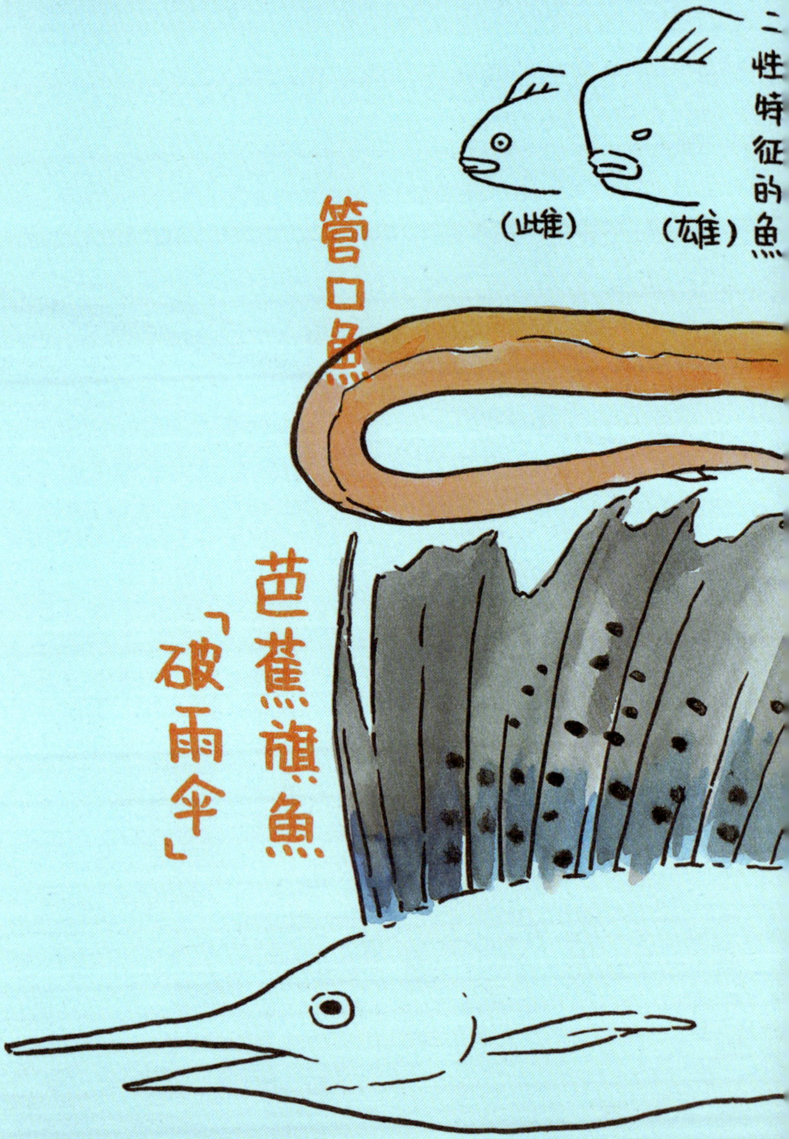
二性特征的魚
（雌）
（雄）
管口魚
芭蕉旗魚
「破雨伞」

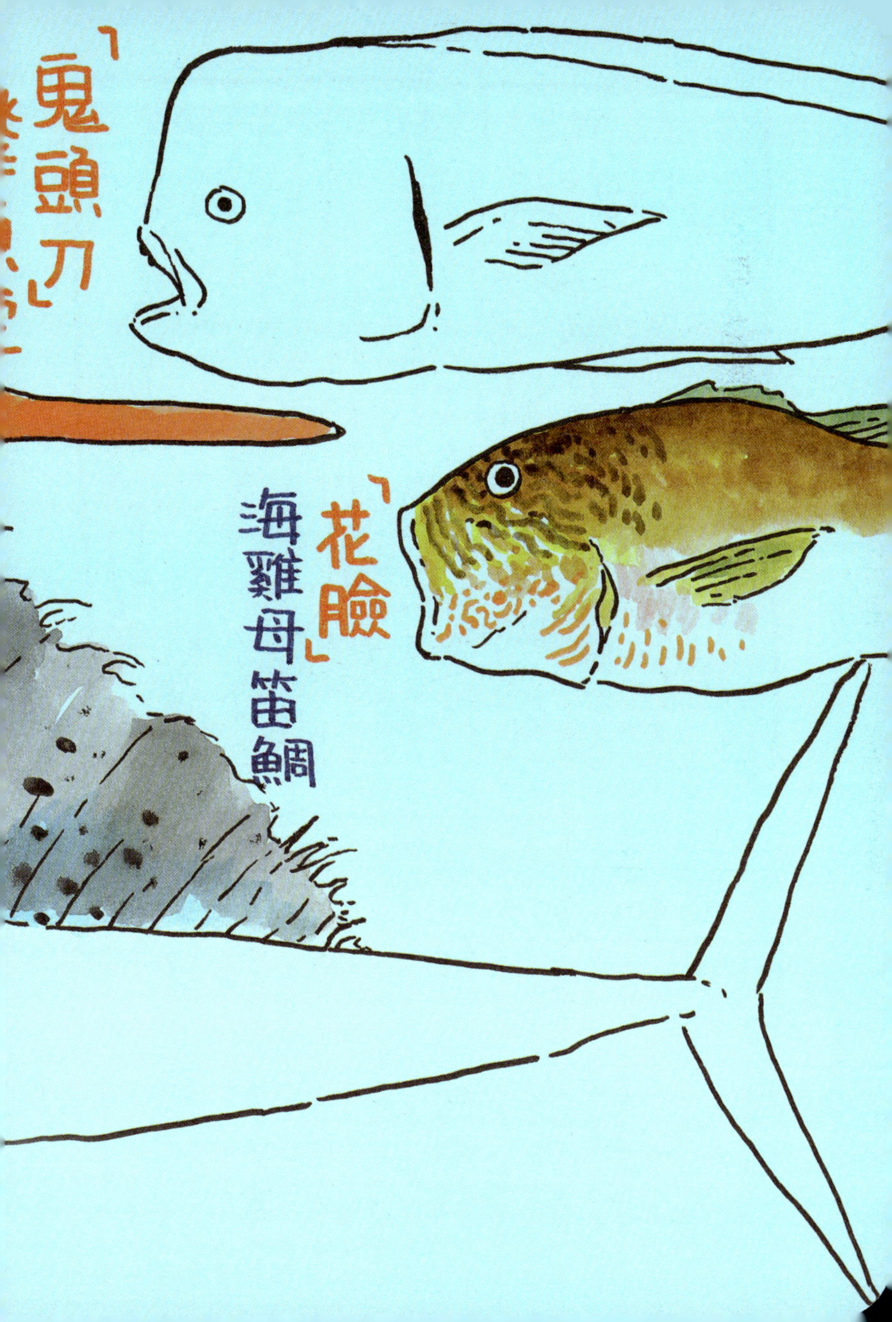
「鬼頭刀」
「花臉」
海雞母笛鯛

富崗魚市

2019.6.21

臺東富崗海堤

台灣會有魚市拍賣
交易市場。像台東富崗
這個魚市，因為規模較小
所以只有早交易。
魚市拍賣交易有很多
拍賣規則，甚至暗語，
懂行才能get到，我連听
都听不懂鴨。

現場宰殺後馬上
冰凍起來運去
各個商家。

山人羊肉
紅茶30
冬瓜茶30
鳳梨(包)
椰子水40
礦泉水
山人羊肉爐 台東 土羊肉
掛羊肉賣水果……
曬死了……
山豬，你曬得好黑！都不擦防曬嗎？
因爲我不想白白浪費人生。
冷笑話大王

綠島

山豬要帶我們去台灣東部海上的一個离島，叫「綠島」。它远离主島，但卻是漢人最早登陆台灣東部的地方。

清康熙末年爆發「朱一貴起义」後，清政府為了巩固統治，長期推行「划界封山」的隔离政策，禁止漢人隨意進入少數民族區域，导致漢人只能通過海路到達綠島。

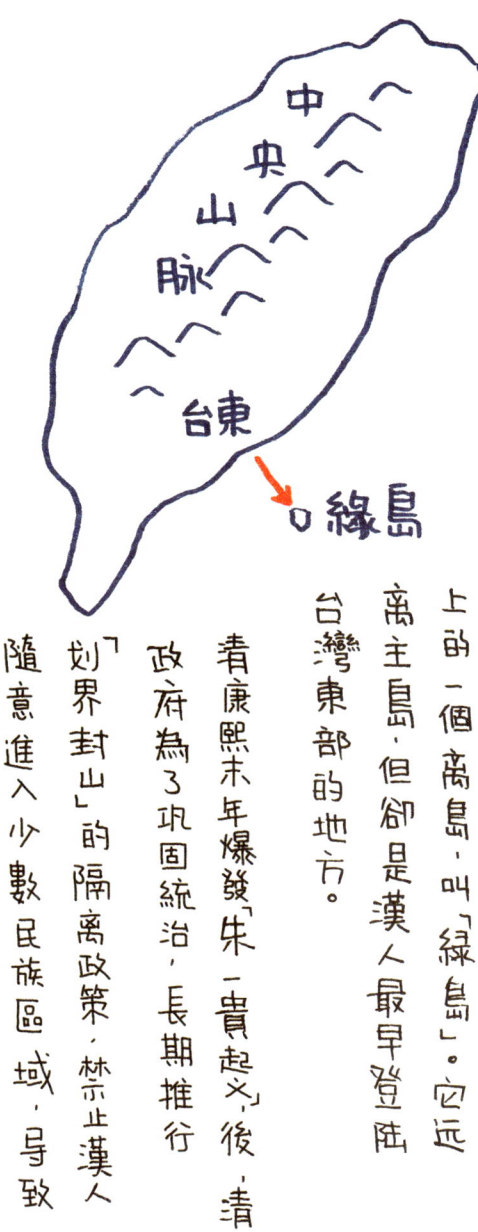

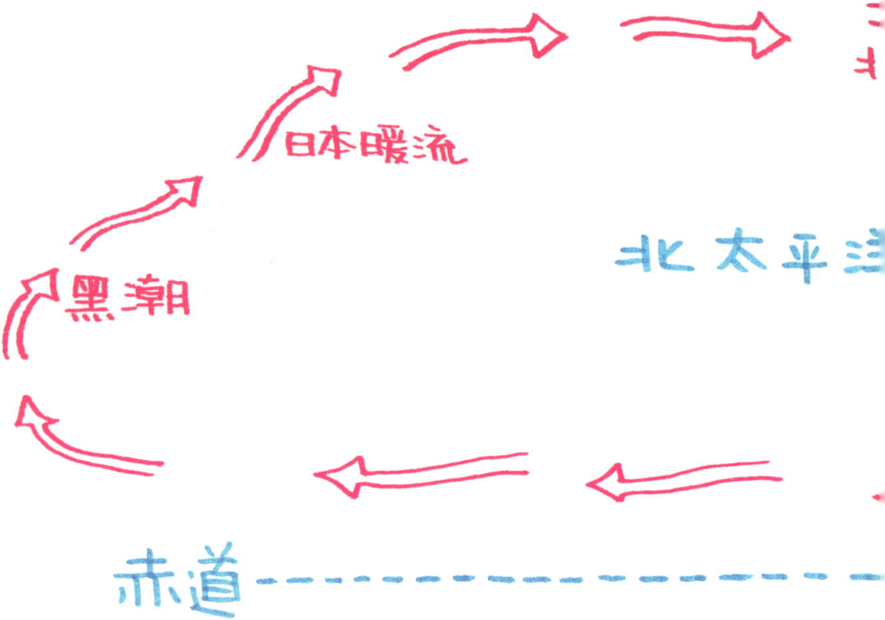
日本暖流
黑潮
北太平
赤道

黑潮

KUROSHIO CURRENT

くろしお

黑潮是全球第二大洋流，也称“

“黑潮”得名是因爲它相較其他

深的原因是所含的杂質少，阳光穿

之前日本福島地震後，三年就有一艘废船隨洋流漂到台灣。
豬

所以环保是全球的事。

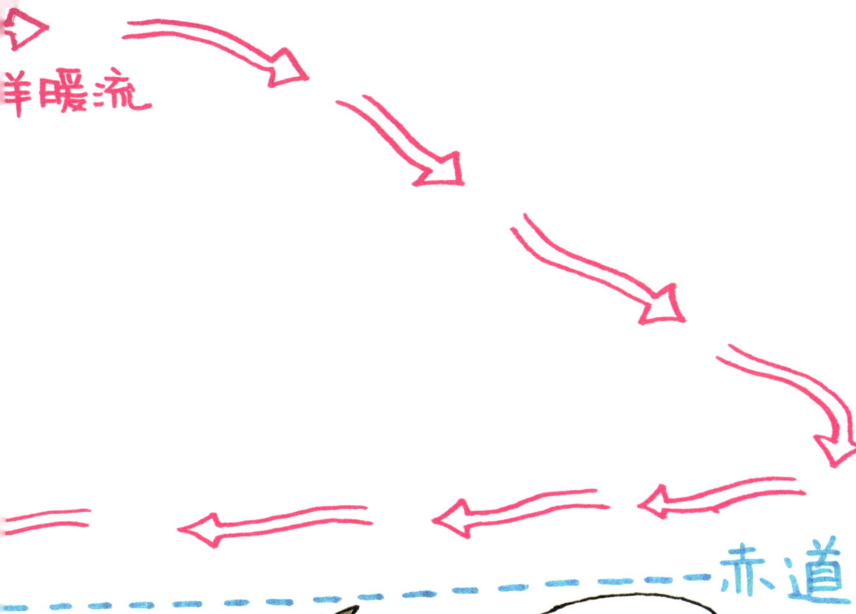
洋暖流
赤道

流”。

顏色深，而顏色

後全被吸收。

山豬
你看，經過赤道這一帶是沒有什麼島嶼的，所以到台灣東部时，黑潮的水就特别干净！

黑潮顏色
普通海水顏色

會在海面形成非常明显的分界線。

可能因爲是個
小海島的緣故吧，
特別曬，溫度
倒不高，海風足，
就是晃眼！

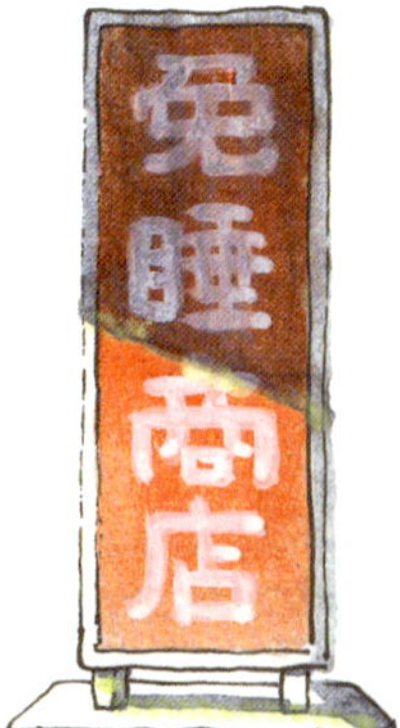

以前綠島家家户户都養梅花鹿，
綠島曾經被稱爲「鹿島」
這家老闆的爸媽也都養過。
山豬帶我們去吃一种綠島特色甜點。
花生豆花
Lüdao Peanut Tofu
嗯……
刷工作
因爲島上只有棕紅壤土和砂土，所以作物以番薯和花生爲主。

山豬推薦綠島的
浮潛……

別人咬過
這干净嗎？
好熱啊…
誒……
你們真麻煩！

浮潛注意事項

- 避免擦防曬，保護海洋水質
- 勿带走任何生物
- 不可留垃圾在海洋中

大家戴潛水鏡前先用叶子擦干净鏡片。
叶子用完丟在岸边就好。海水會把它們带給吃（它們）的動物
是很環保的方法。

黃槿葉

以前用來喂鹿（綠島以前是「鹿島」）
現在用做眼鏡布

簡单教了一些基本的浮潛的動作要領，就由教練带着，兩人一組抓着泳圈開始浮潛。
媽呀！好像在用VR看海景
太美了啊!!
BEST WISHES

條紋豆娘魚
克氏蝴蝶魚
鉤鱗魨

♂ 顏色鮮艷
♀ 顏色暗紅
白斑鸚哥魚
咬合力強!
瓦氏尖鼻魨
條紋蓋刺魚
甲尻魚

海水泡久了好冷啊……
雖然一開始還覺得浮潛的時間太短了，但在海水里待久了後……嗯……差不多是可以上岸了。
沒想到浮潛完會想吐……
我們倆好像海难获救者……
相互扶持上岸的两人
精神抖擻
由於心臟問題而不能浮潛的人
蹲在岸邊看大海

日落前，山豬带我們来到一個地方。
來！快點爬上來！
(台湾主島)
看到遠處一高一低的山嗎？
嗯！
低的山脈是菲律賓板塊。
高的山脈是歐亞板塊，臺灣島就是兩板塊碰撞產生的

綠島這塊是連在菲律賓板塊上。
哦！
怪不得臺灣地震頻繁……
夾在兩大板塊中……
綠島雖然很小，卻有六佰多個地名。
多是有故事背景的。
比如我們腳底下看到這塊石頭，叫「臭伯窟」。
有個叫臭伯的人被日軍在這砍了頭。
你掉下去可以叫「西瓜窟」。
……
豬
2019.6.21
綠島

18:50左右，在綠島西海岸分別看見兩只岩鷺.

岩鷺

Egretta sacra

Pacific Reef-Heron

- 鵜形目
- 鷺科
- 白鷺屬

俗稱"黑鷺".

在我們綠島
是叫它
"Hai Lan on"

意思是有點呆傻.

看到遠處的那片岩石了嗎？
綠島很多地名和當地人民生活相關。比如眼前這個是叫「Jiang Jiu Tang Mu-i-Pa」，是「尖石頭塞縫」。
爲什麼取這樣的名？
因爲命名是打魚的人，他要取一個只有自己人听得懂的名稱，告訴其他人「當魚船的位置停在眼前的石頭剛好能塞進後面洞穴的縫隙，這塊地方就有魚。

台東｜鏢旗魚

2019.6.22

幾近失傳の傳統

台灣捕魚旗有四種漁法，包含流刺網、延繩釣、定置網及鏢旗魚。而鏢旗魚是最傳統古老的海洋漁業文化。現今没有年輕人投入這門技術，也是處在失傳边緣了……

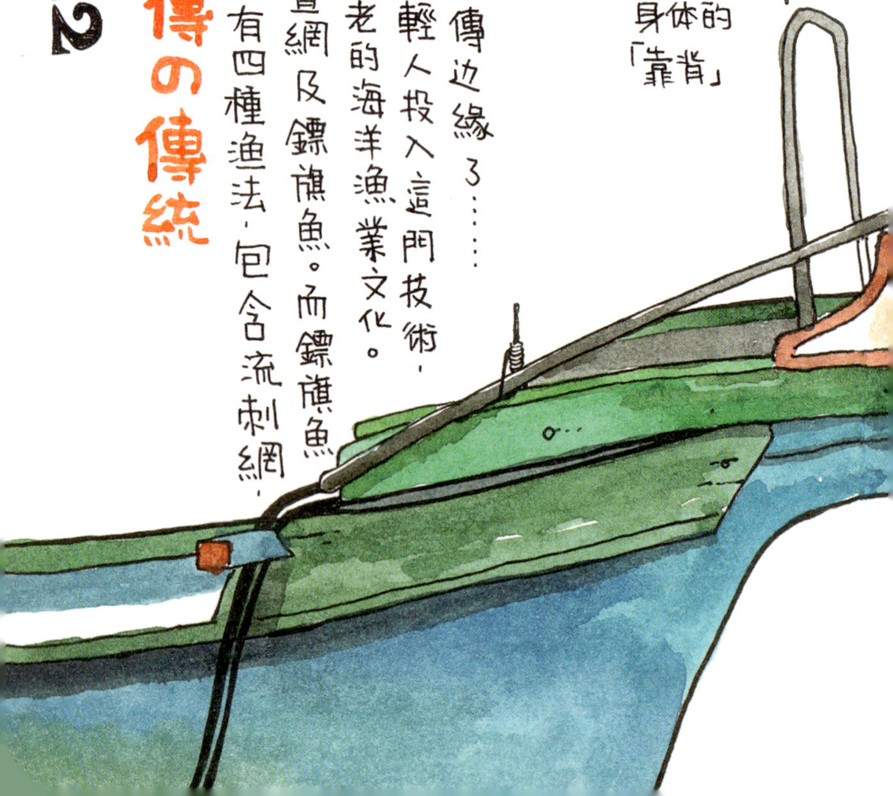
給指引船身行駛方向的副鏢手固定身体的「靠背」

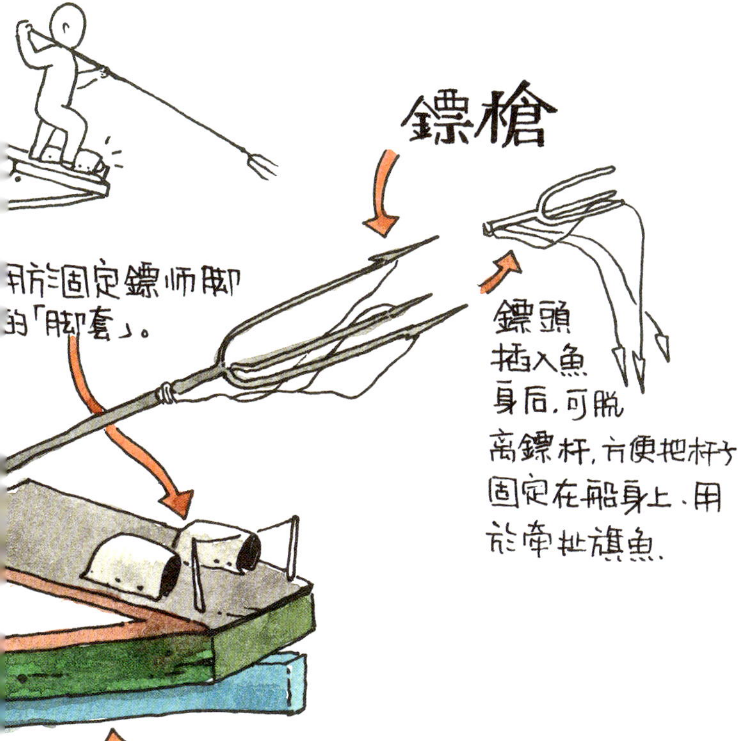
鏢槍
用於固定鏢师脚
的「脚套」。
鏢頭
插入魚
身后，可脫
离鏢杆，方便把杆子
固定在船身上，用
於牵扯旗魚。

旗魚鏢台

冬季才會安装上，因爲冬季風浪大旗魚會乘浪飛出海面，故鏢旗魚都選在冬季行動。

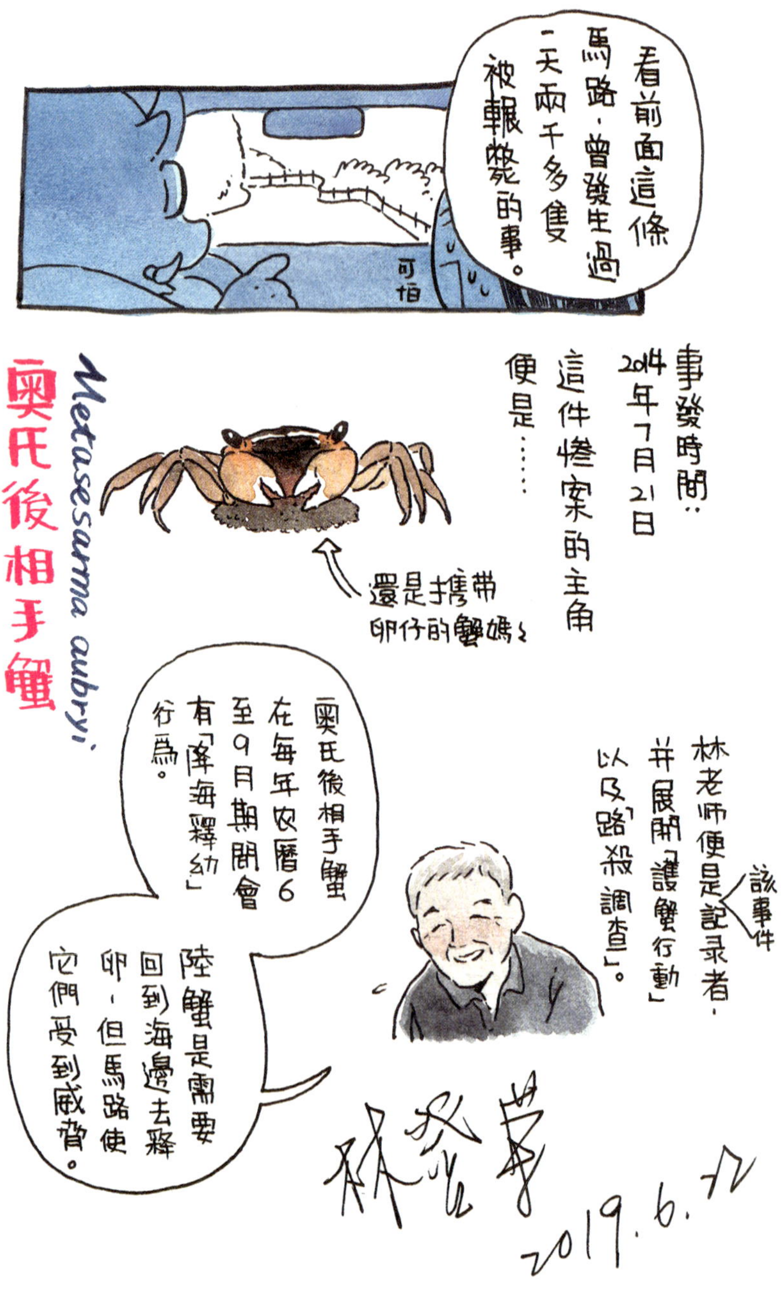

看前面這條
馬路，曾發生過
一天兩千多隻
被輾斃的事。
可怕
事發時間：
2014年7月21日
這件慘案的主角
便是……
Metasesarma aubryi
奧氏後相手蟹
還是攜带
卵仔的蟹媽媽
林老师便是該事件記录者，
并展開「護蟹行動」
以及「路殺調查」。
奧氏後相手蟹在每年农曆6至9月期間會有「降海釋幼」行爲。
陸蟹是需要回到海邊去釋卵，但馬路使它們受到威脅。
2019.6.22

白紋方蟹

Grapsus albolineatus

常和白紋混棲，
但數量較少。

細紋方蟹

Grapsus tenuicrustatus

白紋方蟹會脱殼在這樣的海水坑里。
而細紋方蟹會把殼脱在高一點的岩石中。

這個隧道叫「大哥隧道」。是當年一個綠島的犯人打的。
是個天然形成的洞穴，犯人在修路時因追一只椰子蟹無意中發現。

環綠島 2019 06/22

我們現在跨的桥是台灣的「跨太平洋大桥」。
哈哈哈哈!!

山豬，這是什麼蝴蝶？
它叫「八重山紫蛺蝶」，是少數會護卵的蝴蝶。
蝴蝶都有一齡、二齡、三齡等階段。
其他蝴蝶孵化出來後，會分散開進食。但八重山紫蛺蝶不是，它們會一起把一片葉子吃完，
然後大家一起轉移到下一片葉子，直到逐漸長大後才會分開覓食。
20190622

這是棱果榕，
是榕树的一種。
你們猜它
的花在哪？
它的花被包
在果實裡。
花粉的受精，就會由
一種特定的昆虫——
榕小蜂來传播。
掰開果
實，裡面
全是黑
色的小虫
超級小……
密集恐惧症！

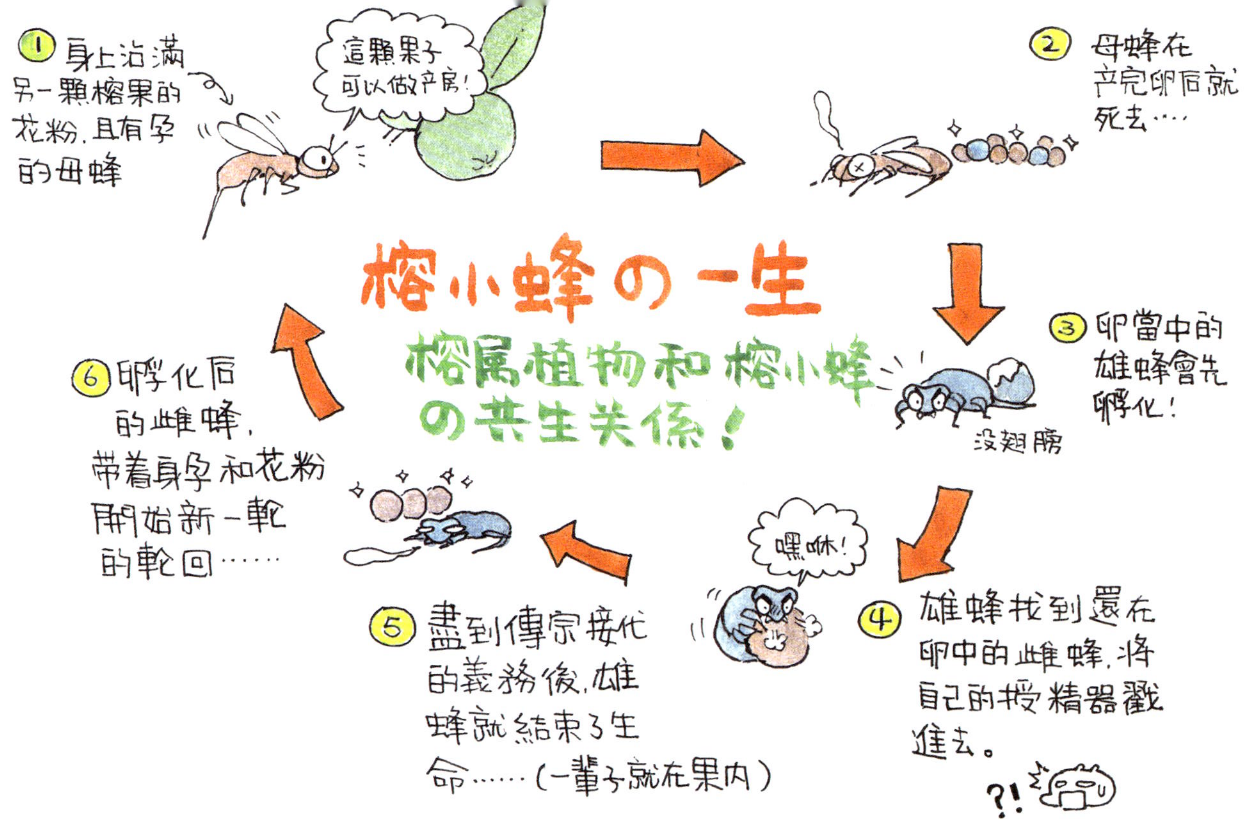
榕小蜂の一生
榕属植物和榕小蜂の共生关係！
① 身上沾满另一颗榕果的花粉，且有孕的母蜂
這顆果子可以做产房！
② 母蜂在产完卵后就死去……
③ 卵當中的雄蜂會先孵化！
没翅膀
④ 雄蜂找到還在卵中的雌蜂，将自己的授精器戳進去。
嘿咻！
?!
⑤ 盡到傳宗接代的義務後，雄蜂就結束了生命……（一輩子就在果内）
⑥ 卵孵化后的雌蜂，带着身孕和花粉開始新一輪的輪回……

來教你們
怎麼認識
榕屬植物
以「山豬枷」爲例
掰掉葉子或枝干
會流白汁.
嫩葉會有
托葉包裹.
枝干上有
托葉痕
有這三點特征
必是榕屬類的。
那家里的
橡皮樹就
是榕屬的!

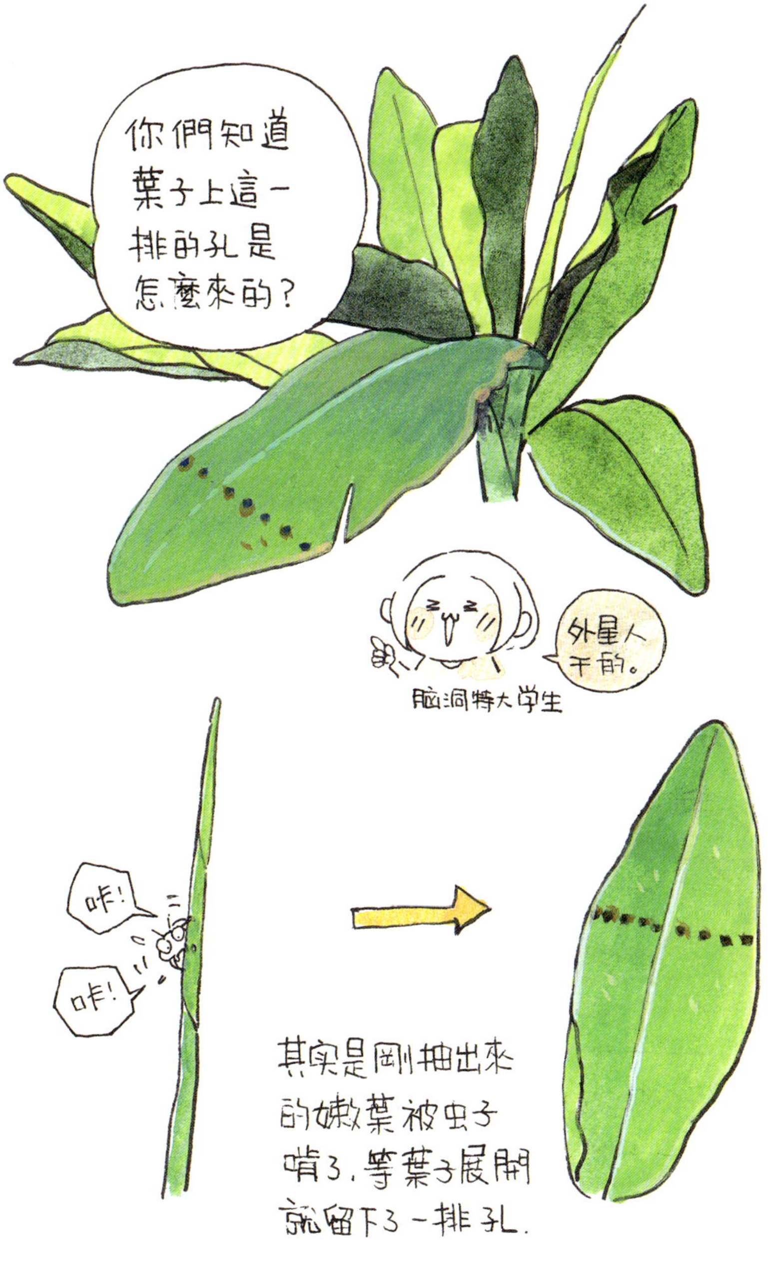
你們知道葉子上這一排的孔是怎麼來的？
外星人干的。
脑洞特大学生
咔！
咔！
其实是刚抽出来的嫩葉被虫子啃了，等葉子展開就留下了一排孔.

山豬！這是什麼虫啊？
噢！
這個！
？
？
干嘛偷ㄜ摸ㄜ？
誒！違法？！
這個行為是不可取的！
為了讓你們仔細觀察，我違法了！

因爲它是全世界只在綠島才有的物種。
綠島硬象鼻蟲
是保护物種，不要抓取。
明白！

※就算不是保护物種，
也不要抓取。（除非科研）

給你們看一種造型奇特的花。
只有一半的花？
雌蕊
雄蕊
花萼
花冠桶
草海桐
SCAEVOLA
它這樣奇特的造型是爲了授粉設計的。
WENG…
WENG…
授粉主要靠風和昆虫或其他動物。
主力授粉還是靠蜜蜂。

只有一半的花瓣就像降落平台，
而且只有這麼一個平台。
目标雄蕊花粉
蜜蜂為了采到雄蕊的花粉，
它就必須經過花冠桶，
而垂下來的雌蕊正好會碰到蜜蜂的背部！
※蜜蜂背部的花粉是另一朵花的
目标
搽搽！
授粉成功
於是，雌蕊授粉成功，而蜜蜂也采到雄蕊的花粉，带着花粉又开始寻找新的花朵。

看，斯文豪氏攀木蜥蜴！
※這个名字是爲紀念首任英國駐中國台湾領事，他在台湾发現了許多物种。
什麼？！它叫什麼名？這么長！
看起來很像在做俯卧撑吧，
其實是讓自己看起來很强壮，以此警告你不要靠近它。
所以它是♂的。
爬蟲類的性別可以通過尾巴來區分。
雌性是一下子从粗变細，而雄性是慢慢变細。

呀哈哈！
2019·6·22
綠島日落·薩爾達謎

晚上有幸能到林老師家吃飯。
林老師和山豬共事自然保护工作多年，
虽然講話慢悠悠很儒雅，但也是個說
冷笑話的人（似乎台湾人都愛冷笑話，連電台
的广告也有類似的冷感）

……
我們姓林的，
也没出多少
名人，
最有名的
还是林肯。
……
輸了！
在台灣我就
不是冷笑王了…

綠島燈塔

火燒島燈塔

2019·6·23

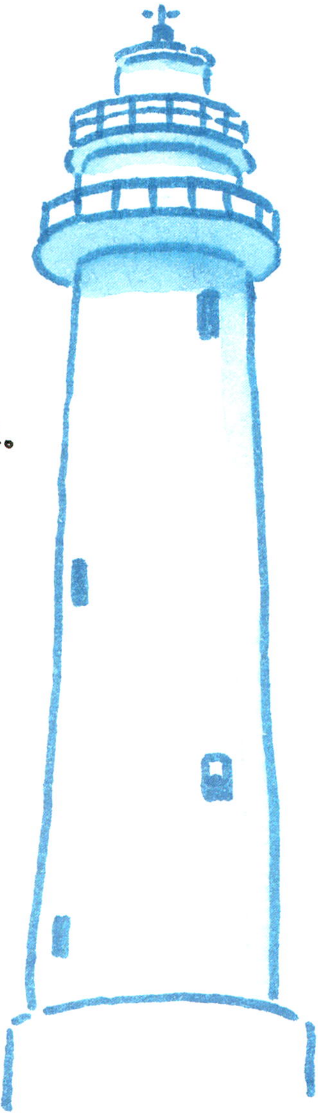

修建這座燈塔是由於1937年12月一艘美國郵輪「胡佛總統號」在這觸礁發生事故。於是在第二年(1938年)興建燈塔。

山豬百科

為什麼綠島的燈塔是白色的?

因為綠島多為樹林山脈這樣深色的背景，則要塗相對色如白色。

總之，燈塔的顏色必須有利於航船發現。

綠島有一個「吃三年餓三年」的傳說。
相傳清末時期……
有一艘西班牙滿載糧食的帆船在綠島觸礁
船員們登上救生艇逃生。
西班牙人誤以爲島民有殺人意圖，掉頭逃往大海，結果被海浪翻覆，
當時正有一拿柴刀的島民觀望……
全遭滅頂。

於是島民獲得大量糧食，足足吃了三年
結果疏於耕作，糧吃完後便餓了三年。
這傳說雖有點教化寓意，不過事件應是不假。
還有一件事件是真的「吃三年」確切記載。
1972年日本的21事代丸船在綠島擱淺。
為了使船浮起來，他們把船上的鮪魚部分送給綠島鄉公所。
绿岛靠這些鮪魚賺了一笔钱，全岛才装上了電！
而每一位來幫搬鮪魚的村民也都获得鮪鱼一条！
這些鮪鱼岛上的人们都吃两三年之久，都还吃不完…

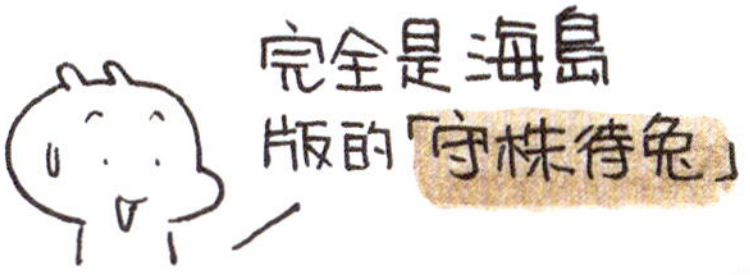

完全是海島版的「守株待兔」

20190623·TAITUNG

綠島燈塔下面有很多野生百合，稱它「糙莖鐵炮百合」。

知道百合開花為何要低頭？
若是朝上，它那漏斗形的花易積水腐爛。

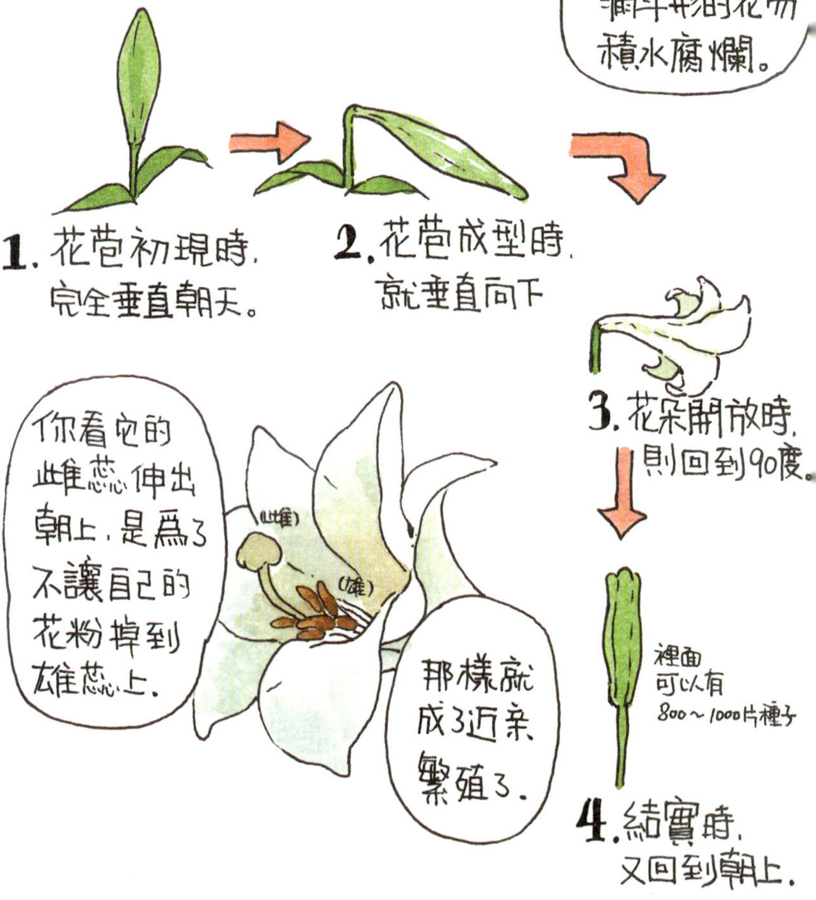
1. 花苞初現時，完全垂直朝天。
2. 花苞成型時，就垂直向下
3. 花朵開放時，則回到90度。
4. 結實時，又回到朝上。
裡面可以有800～1000片種子
你看它的雌蕊伸出朝上，是為了不讓自己的花粉掉到雄蕊上。
(雌)
(雄)
那樣就成了近亲繁殖了。

來！带你們去看一下陷阱。
哇……
這是用來抓什么动物？
多線真稜蜥。

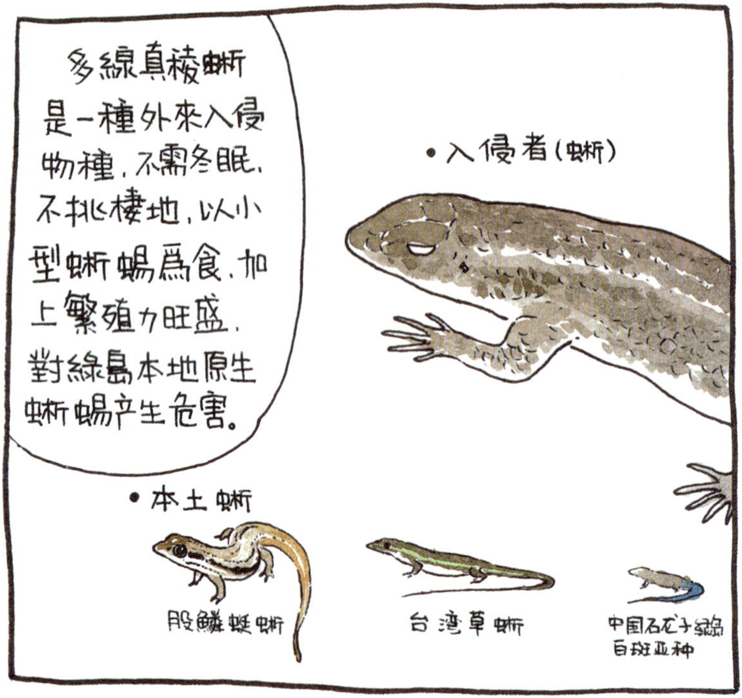
多線真棱蜥是一種外來入侵物種，不需冬眠，不挑棲地，以小型蜥蜴爲食，加上繁殖力旺盛，對綠島本地原生蜥蜴产生危害。
•入侵者（蜥）
•本土蜥
股鱗蜓蜥
台湾草蜥
中国石龙子绿岛白斑亚种

插个題外話，現在（台湾）最常見的入侵物种是爪哇八哥和家八哥。
•家八哥。
•本土八哥（台湾八哥）
•爪哇八哥，又称「白尾八哥」。

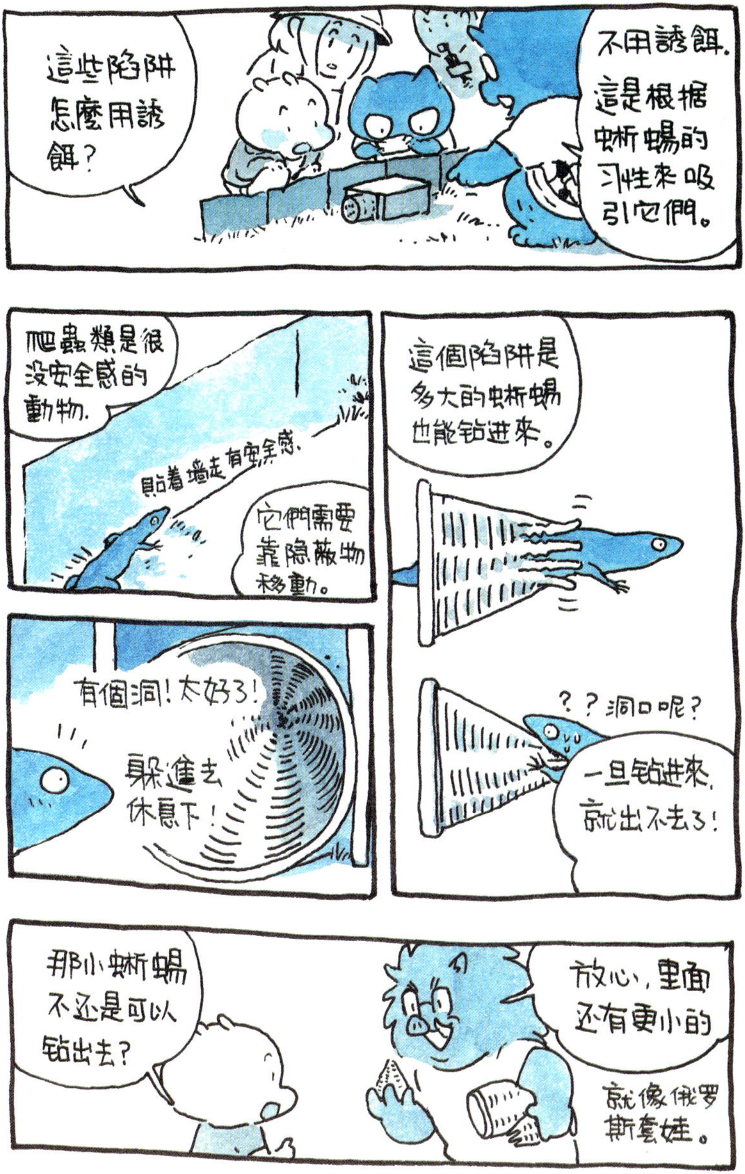
這些陷阱怎麼用誘餌？
不用誘餌。這是根据蜥蜴的习性來吸引它們。
爬蟲類是很没安全感的動物.
貼着墙走有安全感.
它們需要靠隐蔽物移動。
這個陷阱是多大的蜥蜴也能钻进來。
有個洞！太好了！
躲進去休息下！
？？洞口呢？
一旦钻进來，就出不去了！
那小蜥蜴不还是可以钻出去？
放心，里面还有更小的
就像俄罗斯套娃。

那外面這個木盒子是？
毕竟陷阱是無差别抓蜥蜴，本土的蜥蜴被套住后，
怕被晒死，才在外面套了一個木盒。
看起来简简单单的一个陷阱。
背后需要一套深知生态学和生物学的知識。

林投由於耐風、耐鹽，
所以常作爲防風定沙的植株。
尤其是海岸前線。

學名 *Pandanus odoratissimus Linn.f.*

而且林投的葉子是一種瀕臨
滅絕生物的唯一食物。
那就是俗稱「林投馬」的

津田氏大頭竹節蟲

去野餐·柚子湖

20190623

瓜皮可以扔到海里，魚蝦蟹會吃的。
來比誰扔得远!
幼稚…

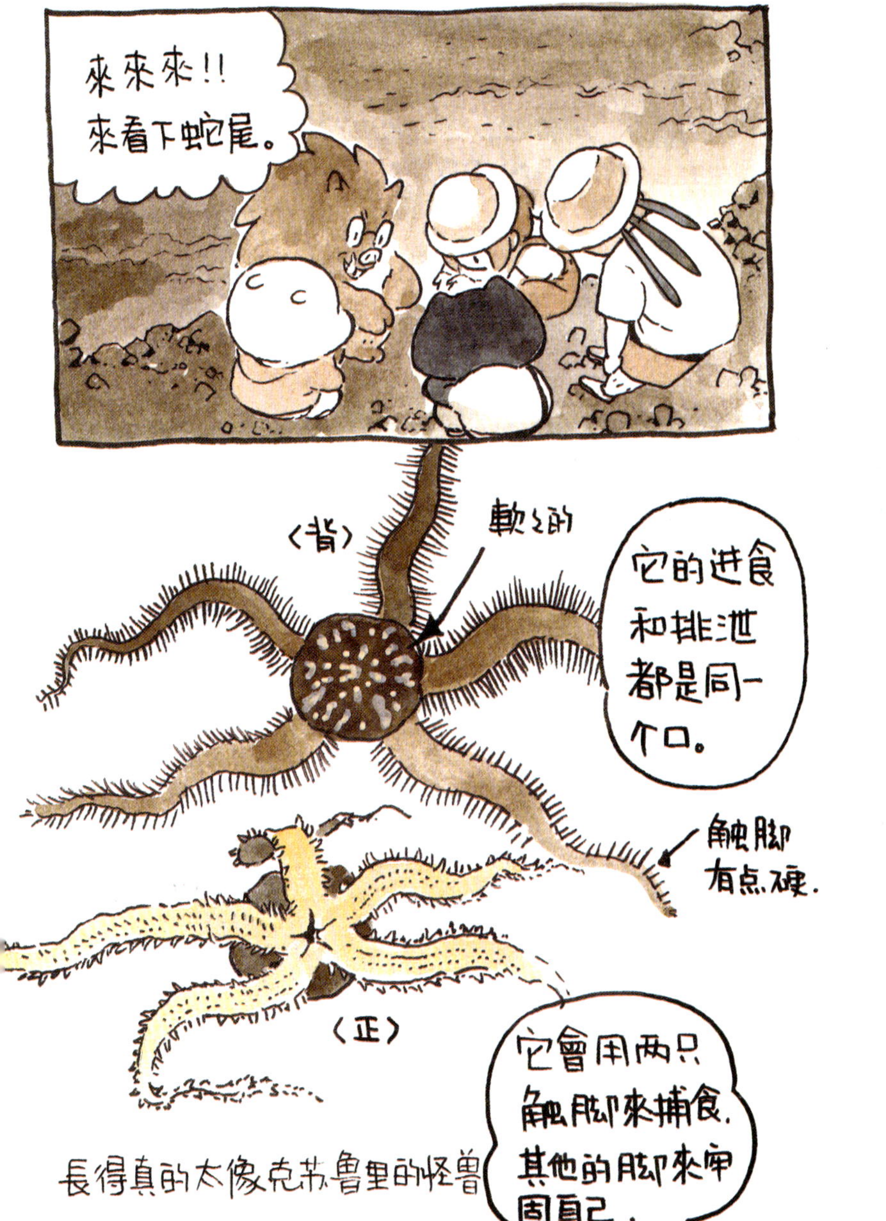

來來來!!
來看下蛇尾。
〈背〉
軟々的
它的进食和排泄都是同一个口。
触脚有点硬.
〈正〉
它會用两只触脚來捕食.
其他的脚來牢固自己.
長得真的太像克苏鲁里的怪兽

火本歷險記
The Adventures of HUOBEN

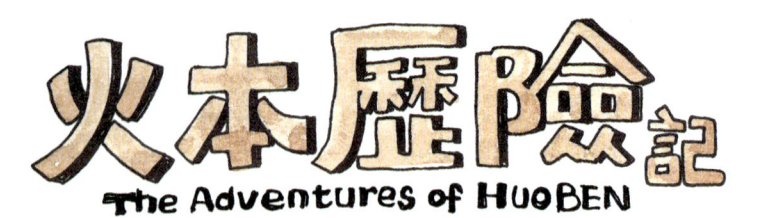

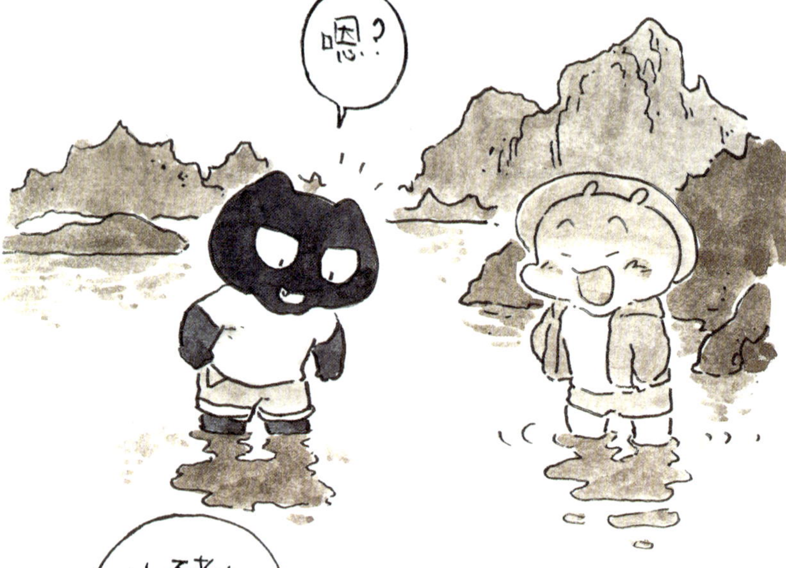
嗯?

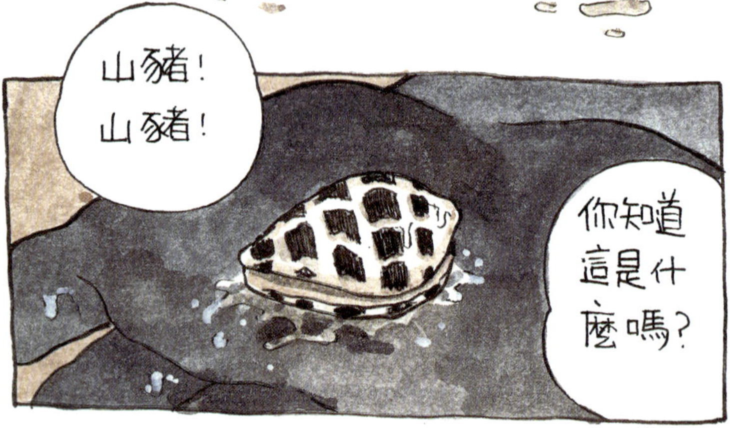
山豬!
山豬!
你知道
這是什
麼嗎?

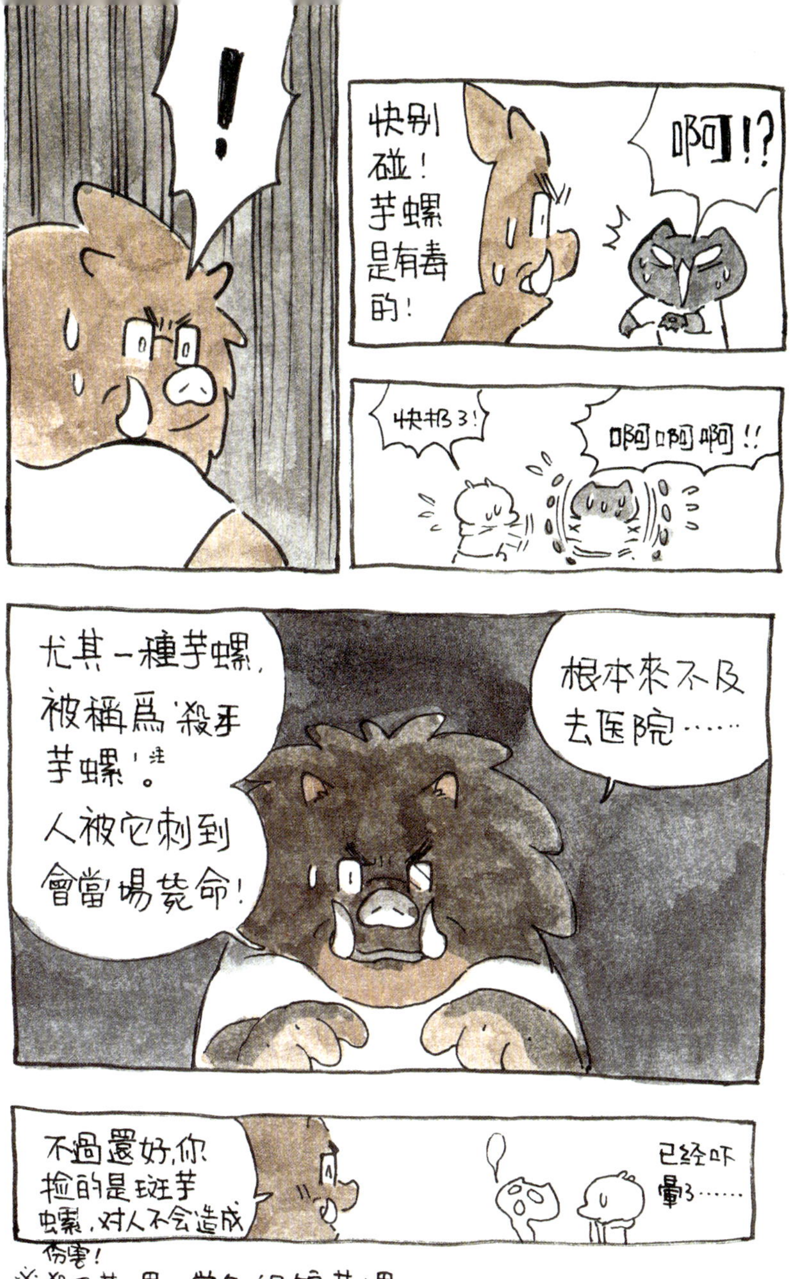

!
快别碰！芋螺是有毒的！
啊!?
快扔了！
啊啊啊!!
尤其一種芋螺，被稱爲'殺手芋螺'注。人被它刺到會當場斃命！
根本來不及去医院……
不過還好，你捡的是斑芋螺，对人不会造成伤害！
已经吓晕了……

※殺手芋螺：学名 织锦芋螺

棕耳鵯

Hypsipetes amaurotis

在大陆是叫：
栗耳短脚鵯

這是臺灣四種鵯里唯一生活在海島上的。
（离島）

用"鳥典"或者"野鳥百科"是搜不到的
所以用**拉丁学名**搜索比較好

♂

山豬！我看到一只鳥，翅下有紅褐色！

藍磯鶇

Monticola solitarius

這家伙很喜歡站在高處.

三天的綠島行程結束，
要返回台東了。但這三天的信息量太大了!!

这家伙还在画……
赶紧画！
……
累死了…
碼頭候船

晃
晃
坐船就别画了……
渡輪

点菜啦……
吃飯

抓紧一切空隙記录

人生第一次見到這麼大的蜥蜴!!
好乖!
哇!好巨!

晚飯後，山豬帶我們拜訪
阿傑，不仅因爲他是一位爬蟲類研究人員，
更重要的是他有一只泽巨蜥!!
名字叫己怪(为啥叫這麼奇怪的名?)
己怪是阿傑的合作伙伴，經常要一起給學生上課

它好乖!
第一個上前抱己怪!
我也要抱!!
給我抱!!
成功!!

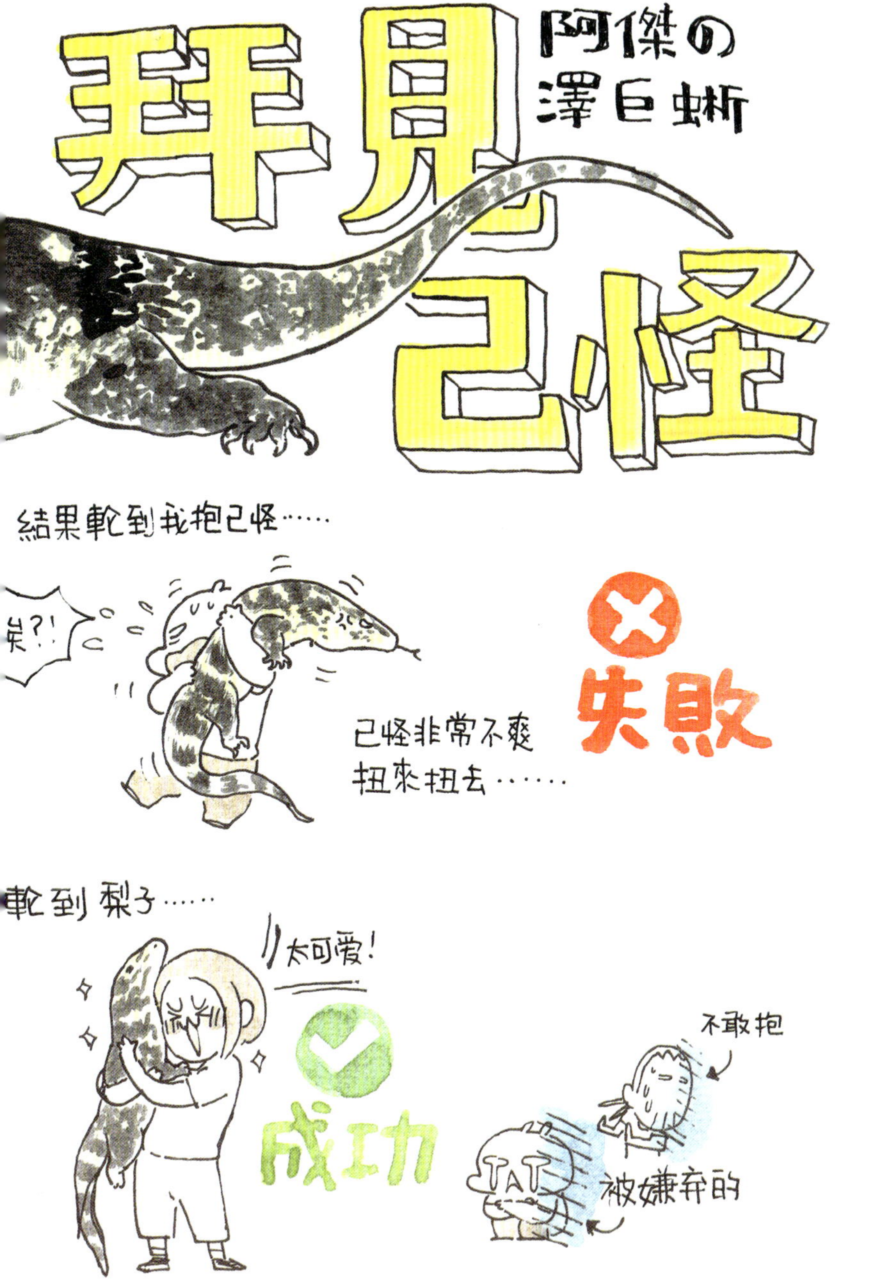
拜見己怪
阿傑の澤巨蜥
結果輪到我抱己怪……
矣?!
失敗
己怪非常不爽
扭來扭去……
輪到梨子……
太可愛!
成功
不敢抱
TAT
被嫌弃的

20190624 台東

山豬推荐了一家附近的早餐店，只賣早餐，過十點关門。門店确实很小，只有老闆一人。早點的類種以西式爲主，三明治、煎蛋之類。飲品像是奶茶、咖啡之類。一路上也没瞧見什麼其他的早餐店，校門口都没！

吃完早飯，就在附近晃晃……

台東縣卑南鄉
利嘉小學

就跟一座公園似的，
隨意進出，但人也沒有，
安安靜靜的，樹木繁茂

台東縣卑南鄉利嘉村利嘉路666號
No.666 Lijia Rd. Lijia Village. Beinan. Taitung.

2019·6·24 09:03
台東卑南鄉利嘉

觀鳥時的態度問題.
看見熟悉的鳥種不仔細觀察、會錯過新發現哦!!
白頭鵯嘛.家里樓下多得是!
在台東看到像白頭翁的那絕對是
烏頭翁
是台灣特有種.只分布在東部,少量在南部。
啊?!
和白頭鵯的區別
嘴角一點紅
黑灰頭
白頭
Pycnonotus sinensis
大陆稱呼:
臺灣鵯
Pycnonotus taivanus
多亏山豬……
差點錯過特有種

臺灣稱呼：紅嘴黑鵯

大陆稱呼：黑短脚鹎

Black Bulbul

Hypsipetes leucocephalus

黑眶蟾蜍

Duttaphrynus melanostictus

相傳很久很久以前，發生了大洪水。
逃到高山頂的布農人，想去取火種。
青蛙幫他們去背火種。但跳到海裡，火就滅了。
失敗……
而青蛙背部也被燙出水泡，眼、嘴、手都被燒黑了
最後是紅嘴黑鵯自願取回火種。
燙！
但它的嘴和腳都被燒紅了，身子也熏黑掉……
哼~
HAI PIS
布農人發音
#豬語录# 2019.6.24 台東

石牆蝶

Cyrestis thyodamas formosana

黃三線蝶

Symbrenthia lilaea

♂

教你快速識別蝴蝶的雌雄.

如果遇見在**喝水**的蝴蝶，絕對是**雄**蝶

雌蝶絕不會喝水，
而雄蝶喝水是爲了吸取礦物質，爲交配準備。

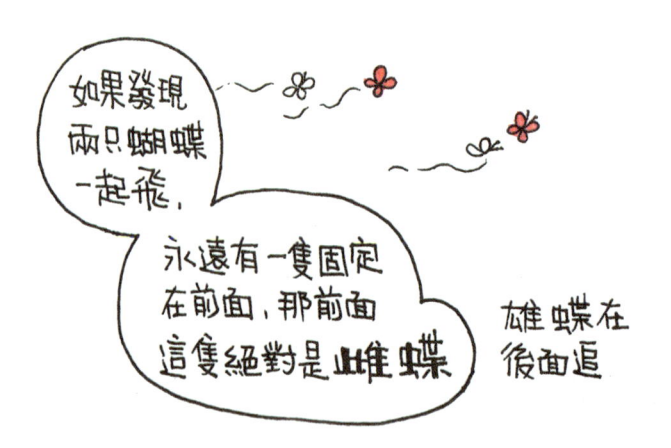

如果發現兩只蝴蝶一起飛，

永遠有一隻固定在前面，那前面這隻絕對是**雌蝶**

雄蝶在後面追

西瓜！
快看前面！
啊？！
這什麼鳥？
好像文鳥
這個喙的形狀
啪
啪！
你很幸運啊！！！
？
恭喜你把臺灣的四種鵯都看完了！
臺灣稱呼：
白環鸚嘴鵯
大陆称呼：
领雀嘴鹎
Spizix os
Semitorques
咦？！這是鵯？！喙真短！

山豬帶我們去夜探三仙台.
黑到伸手不見五指！只聽見風聲和浪

格靈陸方蟹

真正紫到發黑!!

紫地蟹

恐高
恐黑
無法跨過恐懼障礙

毛足陸方蟹

看這隻寄居蟹太慘了

它只能拿塑膠蓋做殼。
因爲塑膠蓋無法讓牠們的大螯完全縮回蓋内形成密閉的防守。
爲什麼它不拿貝殼螺之類呢?
因爲沒有了啊!!

以前人吃完的殼會扔在岸邊，
但現在的螺貝類被送到餐館
吃完的殼不會回到海岸。

所以越來越多的寄居蟹
只能選擇塑膠蓋……

攜羅帶離島
旅行零痕跡
台灣永續旅行協會
sustainabletravel.org.tw

要不要摸一下？

環保隨身帶 地球更美好
sustainabletravel.org.tw

好啊！好啊！
不要!!!

夜巡的重頭戲是找黑唇青斑海蛇，它們會在晚上上岸，在礁石中尋找休息的洞穴，脫皮，下蛋等。

尾部呈扁平狀
方便在海中游泳。

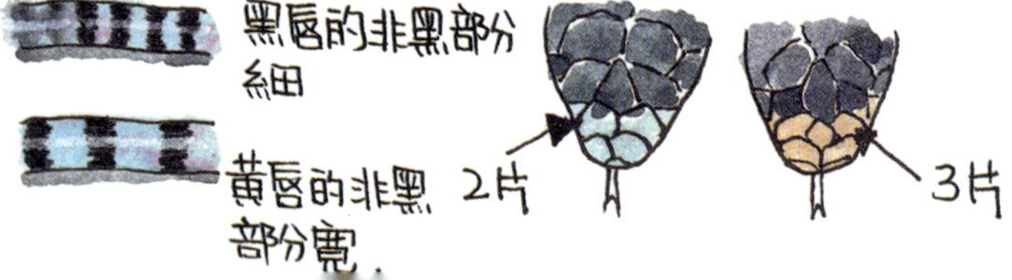
黑唇 VS 黃唇 區別
黑唇的非黑部分細
黃唇的非黑部分寬。
2片
3片

澤蛙(無背中線)

澤蛙(有背中線)

像有背中線的這種蛙，数量要少于没背中线的。
要是数量超过没背中線的，那就对天敌没有防御作用了。

※据説，有背中線的是爲了混淆天敌視覚。

举个例子：

比如流氓文身是爲了恐吓别人

但如果每个普通人都文身，那流氓效应就失效了

★有背中线并不是基因突变，而是演化形成。

今天原計劃是离開台東前往台中，但一是没买到票，二是突降暴雨。於是临時改变主意，继续在台東呆到28号再去台北，取消台中計劃。頓時感覺輕松好多，因爲暴雨躲在山豬家好安逸！

20190625·台東

雨停後，山豬帶我們去城裡吃一家古早味的剉冰！除了攤販推車，還有室內店面。大家都喜歡坐在攤車前的塑膠椅上吃剉冰。所以我們只有端起冰去店裡吃了哈……根本搶不到位！

而且這一碗冰的料也太多了吧！都要溢出碗了

地址：台東市光明路204號

台東海濱公園
20190625

火本之道

THE WA OF HUOBE

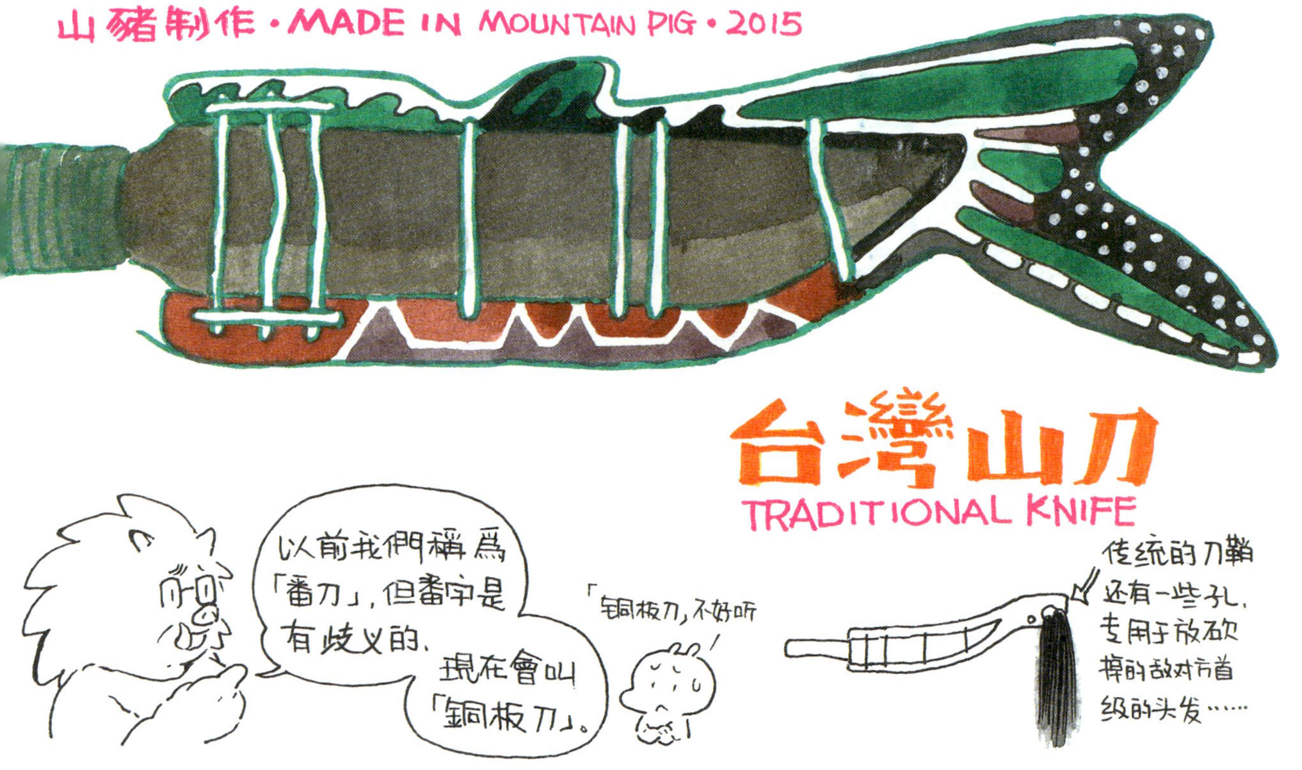

山豬制作 · MADE IN MOUNTAIN PIG · 2015
台灣山刀
TRADITIONAL KNIFE
以前我們稱爲「番刀」，但番字是有歧义的，現在會叫「銅板刀」。
「铜板刀」不好听！
传统的刀鞘还有一些孔，专用于放砍掉的敌对方首级的头发……

2019-06-26 TAITUNG

卑南鄉傳統弓

BEINAN TRADITIONAL

在山豬家附近一家叫「吃面族」的面館吃中飯，得知老闆娘以及女儿都是練箭的，便在取得同意後，一群人屁顛顛拿着弓試玩。

這是卑南人(台湾少數民族族群之一)的傳統項目，現在他們每月、每季都有大大小小的比賽。

這是我們的傳統足弓。
足弓？
用腳拉弓？
是竹弓！竹·弓!!
誰叫你z、zh不分!!

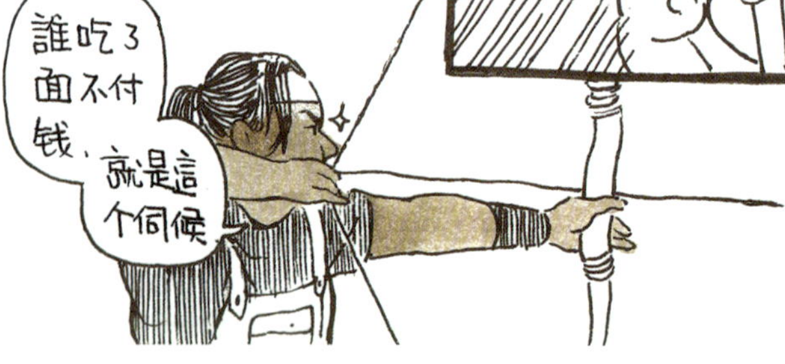
誰吃了面不付钱，就是這个伺候

山豬，我想买点野鹿肉。
诶??
友人
我在這住這麼久都没听說有鹿肉卖…
你在哪看到的?
這里啊!
中初野鹿
友人
那是鹿野初中!!!不是野鹿飼养厂!!
哈?
友人

山豬跟我們說了這个笑料後，就直接帶我們去看「鹿野特产」。

鹿野初中
元山書店
購置

一群三十多岁都要四十的人，全都要了這份特产……順便还蹭了书店老闆的咖啡。

池上最悠久老米廠
池上好店
多力米故事館

山風欲來
烏雲壓頂
2019.6.26
池上鄉

停看聽
平交道名稱：中
里程：113K+
緊急電話：0800
停看聽
鐵路
小心高

在鹿野鄉兜轉了一圈，天也黑了.
听到說阿傑晚上要過來拿眼鏡蛇

阿傑（汪仁傑）

長得像任賢齊的肌肉型男，卻是研究台灣爬蟲最專業的實驗室助理。怀里這隻澤巨蜥就是實驗室之前研究的對象。現是被阿傑飼養。（23號晚曾被我們騷扰）

〈乙怪的惡夢〉

一臉淡定取出洗衣袋用蛇钩把眼镜蛇装进去……

因為蛇钩是模仿了树枝，讓蛇以為是趴(挂)在树枝上。

可以有效率又不傷害蛇

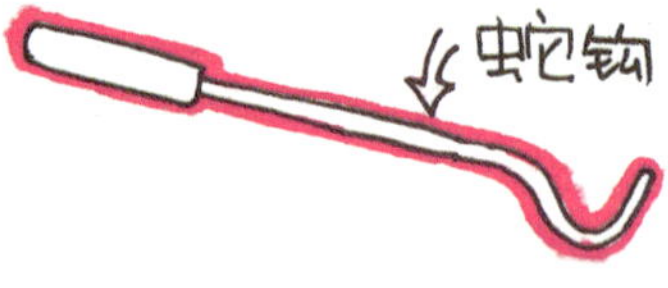

太平洋の風

2019 6/27

最早的一件衣裳 最早的一片呼喚
最早的一個故鄉 最早的一件事
是太平洋的風徐徐吹來
吹過所有的全部
裸裎赤子
呱呱落地的披風
絲絲若息、
油油然的
生機
吹過了多少人的
臉頰 才吹上了
太平洋的風

本以爲吃完早飯是回宿舍躺起，沒想到突然变成去「秘境」，还要用镰刀砍草木开道…… 因爲這一帶是

「利吉混同層」。

是古南海板塊對菲律賓海板塊的碰撞、挤压形成的混有多種類型岩體的沉積物。所以這一帶非常不適宜制造人工栈道、凉亭等建筑，會因地表受雨水侵蝕而毁坏。

⑨下山後又來市里買古早味的飲料，依然是路邊的攤販車和亲切的阿嬷。感覺特別像暑假跟着爸々到处游玩。

隨後又晃到一家傳統冰品老店！

台東縣正氣路358號

招牌特製
鹹冰棒!

說是鹹口味的,其實吃起來還是甜口的,主要是裡面含有鹹蛋黃、牛奶、核桃等混合味,甜而不膩!

花生牛乳冰

紅豆牛乳冰

原本只是買几份尝々口味,
没想到太好吃了,又點了好几份,吃冰吃到飽!

吃這麼多冰,會拉肚子吧…
吃了再說。

四人吃了八盤冰飲,外加棒冰……

从市裡晃回利嘉鄉，發現面館老闆娘和隊友們正在小學操場上練射中，爲馬上要举行的傳統射箭比賽準備。
可惜我們明天就要離開了……

①
你胳膊上有只虫子。
②
啊!!
吃了…
③
騙人的啦！他是装的！
沒噢！是真吃。
④
生吃蟲子
台湾少數民族太猛了

要離開山豬家的時候.
撲通
撲騰
撲騰
山豬!!有鳥頭翁(台灣鶇)受傷了!!!
這!
它是假裝受傷!
這附近肯定有它的巢!
它是怕我們會打乱伤害它的宝宝。
會在地上爬吸引我們遠離巢。
你運氣很好啊!
?
不是所有的鳥都會這样哦!
怪不得說運气好!!

从20號見到山豬，到28號離開，整整一周的「暑期夏令营」，令人难忘。每天都有記不完的故事和「豬語录」。太喜欢山豬家了！太喜欢台東了！在這里可以忘掉复杂的城市規則，和大自然相处，傾聽和感受！辛苦山豬粑粑了!!

這群家伙終於走了!!!

67379831GC 存根聯
1906276Y217237
914141052464
臺灣鐵路管理局
2019．06．28
411 次 普悠瑪 Puyuma Exp.
臺東 08：00開
Taitung
Car.7車 Seat.20號
ibon 售票系統
票號：N90087415635356
限當日當次車有效
票價 NT$ 783
銷售時間：2019-06-27 14:36
店名：東定 店號：914141

你看！這肯定是他們的校服！
男生和女生！
宜蘭車站
YILAN STATI
左边這位是女生？

/30前ibon購取票
資料，抽Gogoro電動機車
：https://reurl.cc/LQ5ee
67379831GC 收執聯
1906276Y217237
注意事項：
1.退票請於發車30分鐘前至任一間設有ibon門市辦理（限每日07:00-23:00）或於發車前至臺鐵辦理。
2.以網路付款系統付款取票後，欲辦理退票，請持原信用卡於發車前至臺鐵各電腦售票站辦理。
3.持優待票者，應備妥身分證明文件以備查驗。
4.臺鐵局客服專線：
0800-765-888
02-21910096
→ 臺北 Taipei 11：59到
全票 | 一般
位代碼：5219816
臺北站 證明用
ibon

以往這些丑化（相貌丑陋）人的手法是電影里常見的，万万没想到在中途停靠車站見到這麼一幕戏劇的。

穿着裙子架着二郎腿，丝毫不顾忌面对車厢挖着鼻屎。其实她的動作完全没問題，反而是我有了很多社会規矩的限制歧視。不应以他人行為违背自己認識就发笑。

瓜几拉 & 火本 臺北故宮博物院

到此一游!!!

2019/6/29

由於事先看了台北故宮博物院的参观福利，知道一天中有几场免費讲解，便約了9:30的讲解。9:15就得集合，但早餐9:10才上桌……

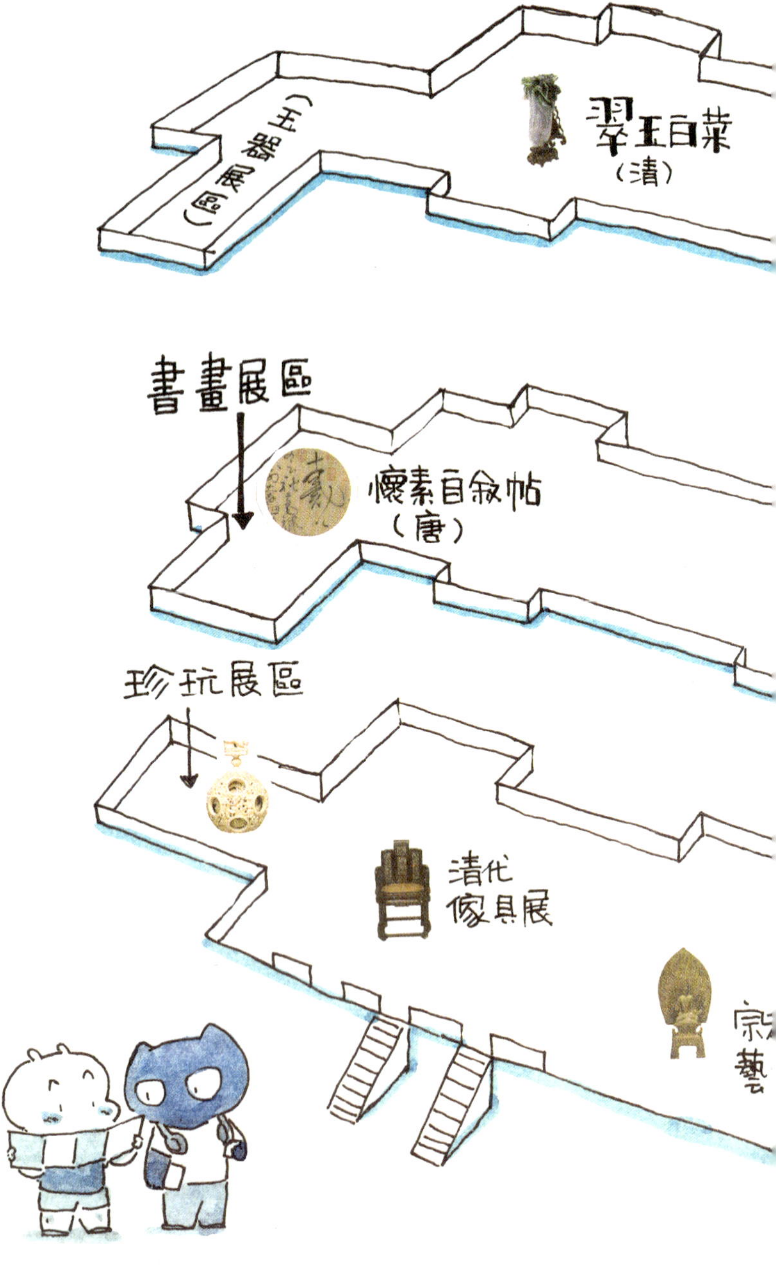
（玉器展區）
翠玉白菜
（清）
書畫展區
懷素自敘帖
（唐）
珍玩展區
清代
傢具展

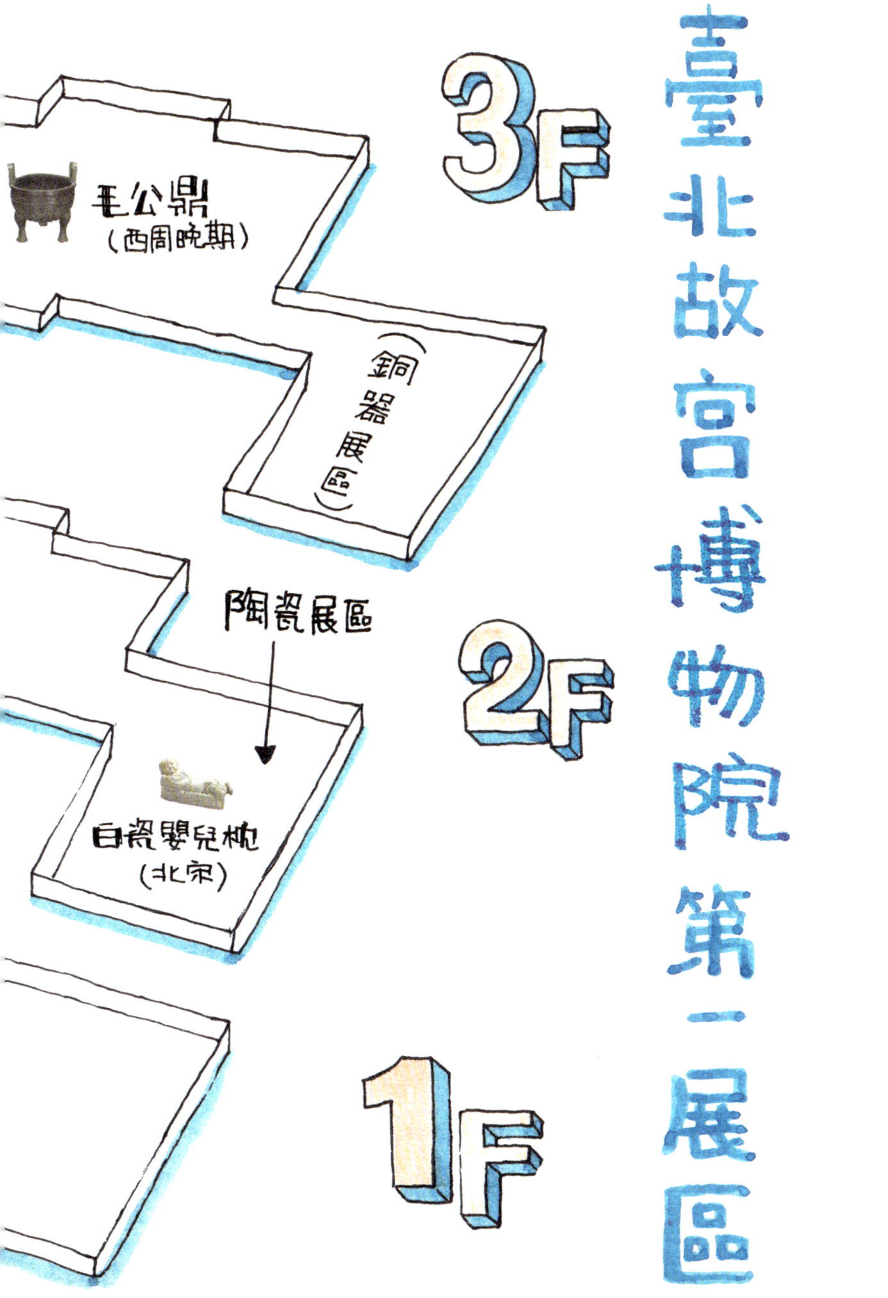

臺北故宮博物院第一展區
3F
毛公鼎
（西周晚期）
銅器展區
2F
陶瓷展區
白瓷嬰兒枕
（北宋）
1F

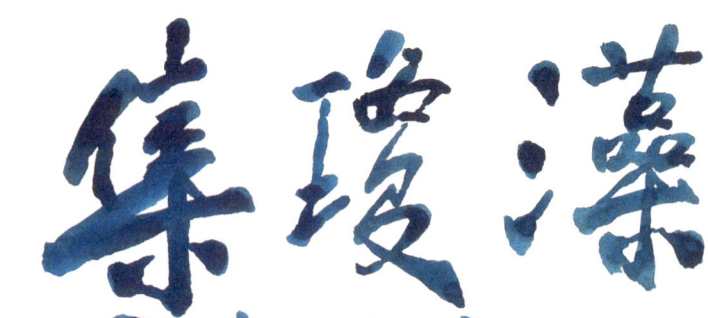

集瓊藻

A Garland of Treasur

掐絲琺瑯鳧式爐

「集瓊藻」是乾隆皇帝所
(琼)
一件多寶格的名稱，意指
(同"搜")羅眾多珍貴美好的
品。

※「多寶格」就是储藏宝物
文玩的容器。

院藏珍玩精華展

Masterpieces of Precious Crafts in Museum Collection

多寶格

多宝格的樣式很多.
但均爲匣子大小,甚至更小。所以存放在格子
裡的文玩犹如袖珍玩具。

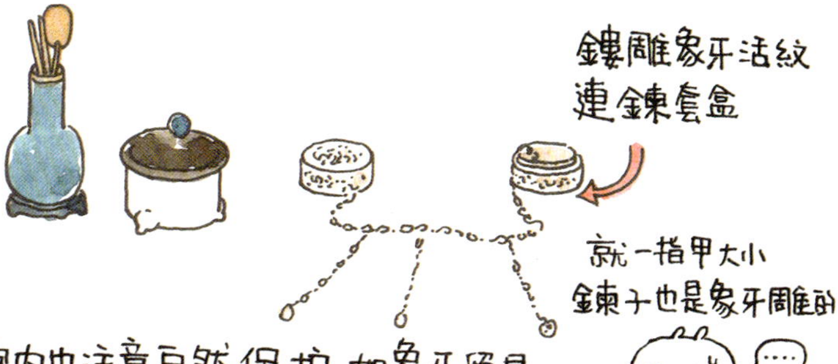

鏤雕象牙活紋
連鍊套盒
就一指甲大小
鍊子也是象牙雕的
……

※博物館内也注意自然保护.如象牙貿易
提示禁止

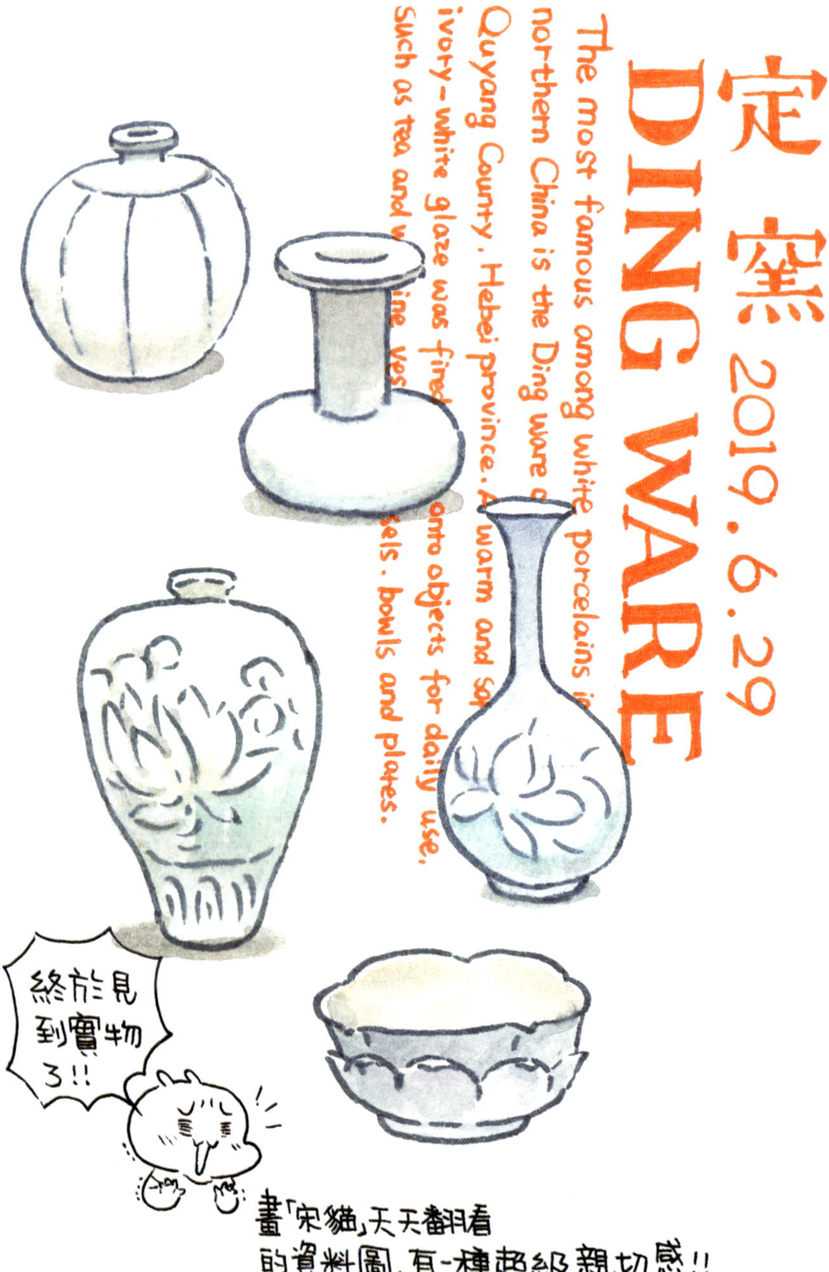

定窯
DING WARE
2019.6.29
The most famous among white porcelains i…
northern China is the Ding ware …
Quyang County, Hebei province. A warm and so…
ivory-white glaze was fire… onto objects for daily use.
such as tea and w… ine ves…sels. bowls and plates.
終於見到實物了!!
畫「宋貓」天天翻看的資料圖，有一種超級親切感!!

Narcissus basin with bluish-green glaze

RU WARE

青瓷無紋水仙盆

是唯一没有裂紋的汝窯作品.

給我們語音解讀的老师。

汝窯有多珍貴呢?
用比較銅具的方法來說,1965年
我們需要資金建造博物館,美國
有关方面說愿免費帮建造,条件就是
要一件汝窯瓷器。可見一件汝窯就能
換一座博物館!

※听听就好……没有証据

Lotus-Shaped warming bowl in light bluish-green glaze

青瓷蓮花式溫碗

全球只有70件汝窯瓷器,台北故宮博物院擁有21件。造成汝窯瓷器這麼稀少的原因,一是燒制時間短,北宋晚期不久就毁于战火;二是官家使用的瓷器,即便制作不合格的也全部摔毁,不可流入民間。

Bowl with incised peony decoration in yellowish-green glaze

耀州窯

青瓷劃花牡丹紋碗

Hibiscus-rimmed bowl with bluish-green glaze

官窯 青瓷葵口碗

看到各種熟悉的宋瓷，開心之外，
也有惊嚇……

「宋猫」宋瓷篇畫「穿越」了……

哇塞！北宋的审美也太厉害了！
這完全是現代的設計啊……
拍给大魚看！
她肯定喜欢！
好好看！多少钱
噗！

CHICKEN CUP IN *doucai* PAINTED ENAMEL

鬥彩雞缸杯

以前是听卡卡桑說過，才知道「雞缸杯」。見到實物，仍是無法Get它珍貴在哪？

首先，這是成化皇帝御用酒杯。所以民間是几率极低能擁有。

二是工藝精湛。

先在坯胎上用青花勾輪廓，然后附上白釉，用1200℃左右的高溫燒成瓷，然后再画上紅、黄、綠等色，再进窯燒。

這麼小小的一個杯子，經反复燒制卻不开裂損坏。

雖然這樣解釋了，还是没感觉到厉害，果然不是這专业無法理解

嘉量

「量」是用来测量容量的工具，「嘉量」即美善之量器。

王莽新朝制造

这件重要的文物，一开始并没有引起工作人员的注意，因为是放在御厨灶台上，被油烟熏得黑乎乎的……

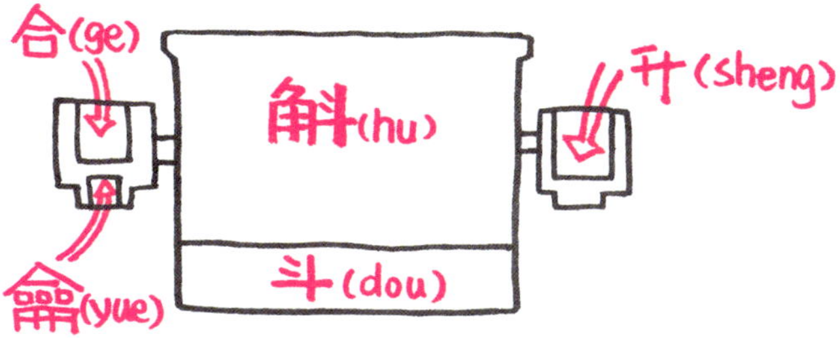

合(ge)
斛(hu)
升(sheng)
龠(yue)
斗(dou)

二龠＝一合(ge)

十合＝一升

十升＝一斗

十斗＝一斛(hu)

翠玉白菜
JADEITE CABBAGE

肉形石
MEAT-SHAPED STONE

作爲台北故宮博物院人氣最高的兩件文物.(就這個
展區的人鳥央鳥央的).不是文物價值高(都是晚清
而是欣賞的門檻低.通俗易懂……

毛公鼎

GAULDRON OF DUKE MAO

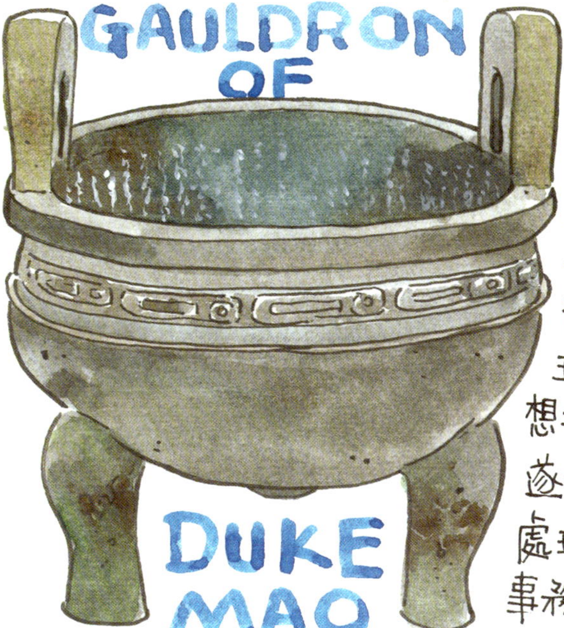

公鼎，周宣王期所鑄造的，刻有00個字，當今出的銘文銅器中，字最多一件。

毛公鼎上的銘文是一篇冊命書，大意是說周宣王在位初期，想振兴朝政，遂命叔父毛公處理國家大小事務。毛公感念周王，於是鑄鼎紀事，由子孙永享。

毛公鼎與翠玉白菜，肉形石，是我們台北故宮博物院「三寶」。又被戲稱爲「酸菜白肉鍋」！

SORD

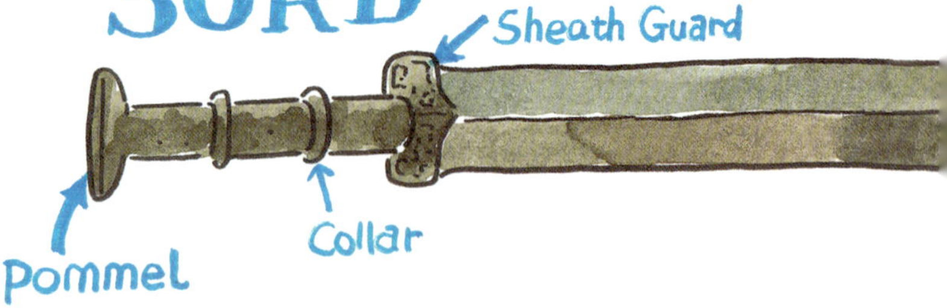
Sheath Guard
Collar
Pommel

Ge dagger with bir

戰國
WARRING STATES

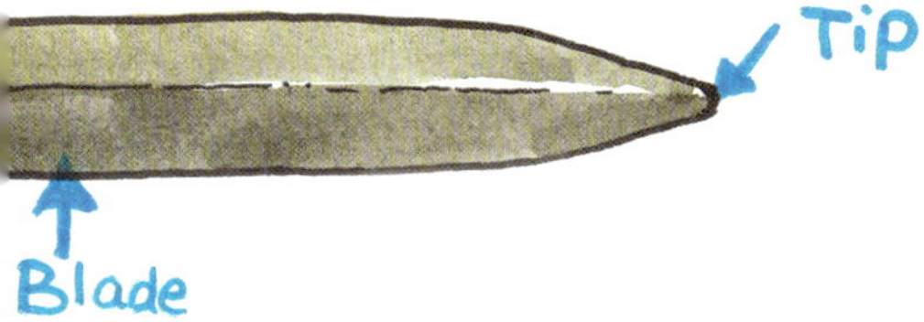

台北故宫博物院

TAIPEI, CHINA

正好遇上书画展即将举办、特展，
故关闭布展中……

2019.

RIOD

最最最想
看的部分
没得看……

CHINESE TAIPEI

2019..
Song
Shan

在繁華的街上走着走着
竟能遇到一座規模不小的庙.

07

08

府中15
新北市動畫故事館
FZ FIFTEEN
ANIMATION & STORY GALLERY

2019 JUL —— FUN —— AUG PROGRAM

臺北市太原路九十七巷十三號
(〇二)二五五六四六二六
mail:rixingcck@gmail.com

日星鑄字行

昔字・惜字・習字

てください。

超喜欢這家的這句

把傳統的印刷变成了一種新的珍藏。

TAIPEI DAT

Sunday・2019・6・30

注意事項

■活字の棚（文選架）にぶつかる恐れがあるもの（鞄など）は、入り口の右側にある手荷物預かり所に置いてください。

■買うつもりではない活字を勝手に拾うことはご遠慮ください。

■〈書体見本〉を参考してください。

活字を買う場合、文字・サイズ

NG

台灣漫畫協會的會長推薦了一位少女漫畫家與我們面基。
這是我的作品，你可以用來盖泡麵
謝謝！我的可以盖两碗泡麵！
結果……社恐的我坐那一句也說不出。
超喜欢！
真想掏本子畫畫啊……
但這樣不大好吧……
能說些什麼呢……
反正有梨子和她聊了，我就這樣好了……什麼時候可以走呢……
我好餓 低血糖了，先去吃點東西
我也是
別走啊！！！
我更沒話說了！

台北 大安區

2019.6.30

TAIPEI CITY FIRE DEPARTMENT OF 3

Songshan Battalion of zhonglun

他們的消防車竟然可以私人捐贈。
張先生 捐
陳小姐 贈
213 BQ
一路忙着工作の金牛座

來台灣這麼久，一直都沒去過夜市吃吃（花蓮的夜市沒吃成），在地圖上搜了一个距离我們最近的夜市，叫辽宁夜市，遠一點還有一個叫宁夏夜市。是外省人聚集地才這麼叫麼？

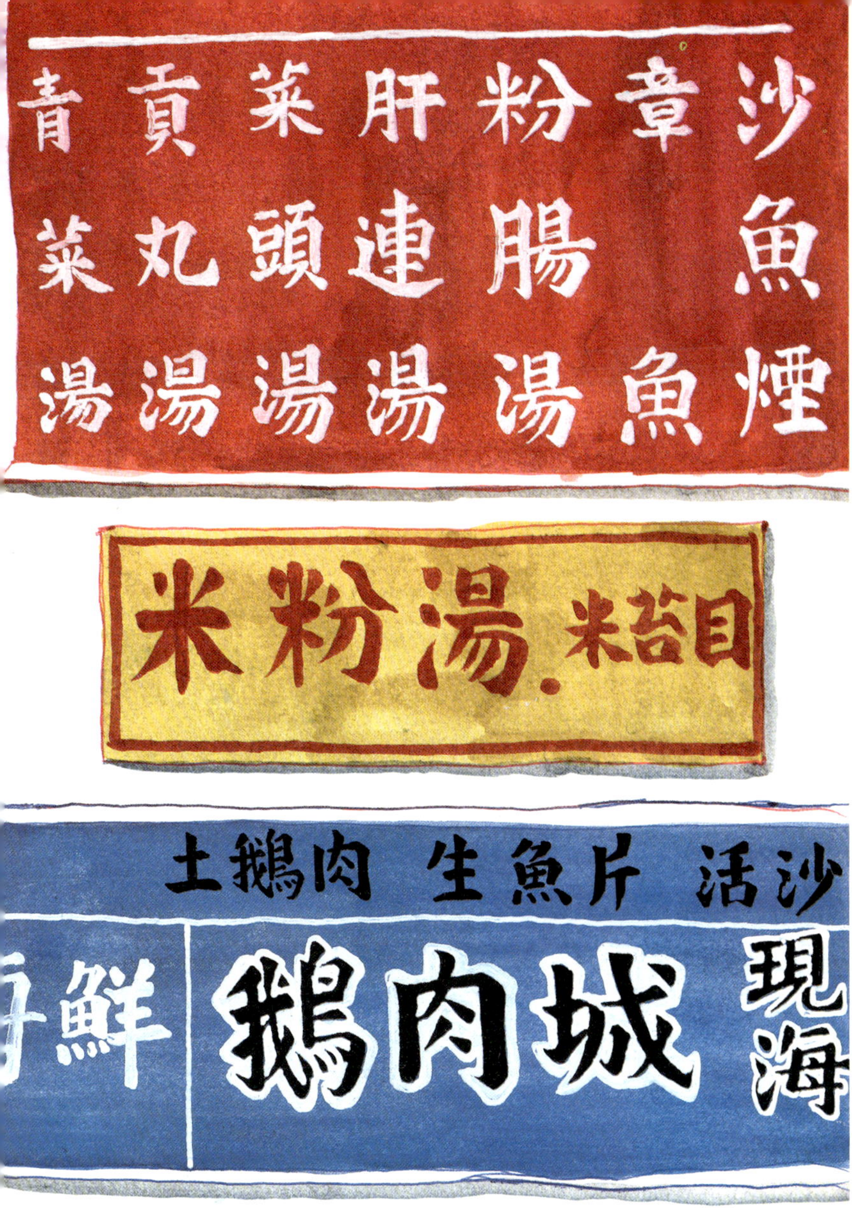
沙魚煙
章魚
粉腸湯
肝連湯
菜頭湯
貢丸湯
青菜湯
米粉湯
米苔目
土鵝肉 生魚片 活沙
現海
鵝肉城
鮮

担仔麵
郭
關東煮
40年 老店
郭家担仔麵
看！像不像「請回答1988」的小酒館！
是哦！

原以爲會是人山人海的夜市，竟然空無一人，很多店鋪都在打烊了……可能這個夜市的人氣不行吧？還不到12點啊！！

随便吃了一些小食尝尝鲜，溜达回旅馆。

遇到了交警在路口设置路障检查酒驾。

两個交警，一人查摩托車、一人查汽車。

我們在那看了半天……没有逃逸的、或随机抽查的，一辆辆、一個個查過去。

2019.6.30 晚·台北

回程路上馬上進入工作状态！
〈工作狂人大鯨〉

HINA AIRLINES
metro
Taoyuan
機場第二航廈站
Airport Terminal 2
A13

TAIPEI TO GUANGZHOU

2019. 7. 1 MONDAY

0th Anniversary BOARDING PASS

TPE

JUL 14:10

FM TAIPEI/TPE
TO GUANGZHOU/CAN

門 Gate 5
登機時間 Boarding Time 13:30
艙等 Class Y

ETKT297367922888602

時間越快越好!
xx路的交叉那边停。
我們之间沟通可以更……
下飞机后、一直在工作……
好的好的，我还有个会，先説到這!
好！准备电脑开会!
嗯?
空—
我把笔記本忘飞机上了!!!
师傅快掉頭!!!
《工作狂人大鲸》下
一路开会手机、笔記本就忘了一干二净……

自然観察

准备工具及注意事項

〈望远镜〉

〈防晒帽〉

〈外套自然色〉

衣帽都不要穿鲜艳的颜色，在野外最好穿接近环境色的衣服，以免被动物觉察到。

〈防晒霜〉

〈防蚊液〉

在野外观鸟時，不要大声呼叫和說話。动作也切忌幅度过大。
轻……
也不要随便采摘植物，"路边的野花莫要采呀~"
捡落花，落叶。
最重要的一件事，不要把不可降解的垃圾丢到野外。
自备垃圾袋。如路上有遇見垃圾也可順手捡起扔袋里带走。

后記

和上一本出版的美國手賬一样，這本中國台湾手賬也是在旅行時边走边画产生的。

每次出去旅行我都会带上小本子來画旅途中的故事。

這么做的原因，一是爱好，对我來說画々能更好表达和記录所見所想；二是锻炼，一个以画为主的人出门怎么可以不画呢！

但是画這些旅行記录時可没有想到会有出版的一天，而且还是原々本々复刻的！這意味着，画错的結构、抖得歪々扭々的线条、随意的涂色、涂々改々的错字、混乱的阅讀順序等々问题，都会一一呈現在眼前……

如果去修改、纠正這些"错誤"的地方，就失去了还原一本边走边画的手账的意义，因为這就是旅行時匆匆绘画的真面目！

宁可在旅行時画到累死……
也不愿回來再补画。
回來就压根不想画了！

感謝促成這趟旅行的大鱼！感謝带領探索自然的山豬！感謝出版這本手账的責编！感謝看到最后一頁的你们！

瓜几拉
2020.9.14

N
W
E
S
北太平洋暖流
日本暖流
北太平洋
黑潮
赤道
池上好店
多力米故事館
臺北車站
20190618
臺灣鐵路局
222次
2019.06.18
自強(普悠瑪)
T.C.LTD EXP(PUYUMA)
全票 桌型
11:42開
DEPARTURE
5車44號
臺北
TAIPEI
▼
花蓮
HUALIEN